ARU女

あるおんな

有安静子

Ariyasu Shizuko

幻冬舎 MC

ARU女

はじめに

これは巷のどこにでもいそうな一組の夫婦の話である。

六十代の夫と、五十代に至った妻。三十年にも亘り平凡でお気楽な日々。変化の兆しすら無い毎日の中に、それは突然訪れた。

「高原に別荘を建てようか」

唐突にも聞こえる事柄では有るがその頃の時代の気風でもあった。早速に進めた方が良いという周辺の後押しを糧に、この話は急速に本格化していく。細かな事柄を好まない夫は私に丸投げ状態であった。その妻といえば目的も無く事柄に立ち向かう作業は全くの素人でありながら、一枚の紙の上で平面図のみではあるが素晴らしい体験をする。

大屋根で、居住部分と、三階建ての高さにも負けない吹き抜け天井の有る大空間を組ませたものである。多分憬れを型にしたもので用途等一切考えていなかった。

しかし私は立ち上がったそびえ立つ堂々とした建物の姿を、図面上では捉えきれていなかった。この大空間が二人の火種の元となり更に二人を大さく育ててくれる役割を果たすこととなるのである。用途等考慮に入れていなかった私の無計画さや安直さの中に突然目覚めた妻と、夫との考えの大きなズレ。物語はその克服から始まる。

目次

変化の兆し

標高一二〇〇メートルの高原に別荘を建てる。

唐突な選択といえなくもないこの事柄だが一九九〇年代においてその頃の時代にはそのような風が吹いていた。どんな別荘が欲しいとか、どうしてもこのようなビジョンで行きたい等という気持ちは全く持ち合わせていなかった。

ただ究極時代の風潮に乗っていた。心で描いている計画等は無かった。東京に住む私達二人は家を建てた経験も無く何も知らなかったが、不安を抱くこともなく、この計画に取り組む二人は何を考えていたので有ろうか。実に淡々としていた。

元々二人にとって抱いている別荘の姿など全く無かった。工務店との会話の中で「太い柱で質実剛健な家がいいなあ」と話していた夫。これが材木商で育っていた息子の言葉。私はぼんやりと夫の希望を聞いていた。しかしのんびりとしたこの姿勢は序章に過ぎなかった。私はどのような希望を伝えたのか定かではないが、整理のつかないまま脳裏によぎったこと。

「建ち上がった家の前を、そそくさと横目で見つつ通り過ぎてしまうような家にはしないで欲しい。自分の建てたあの家を、又しみじみと見に行きたい」たまらなく愛したい家。しかし構想は漠然としていた。

今にして振り返れば素人のこの私の言葉は千金の値があったようである。後年に至って私達は工務店にとっても忘れることの出来ない施主となっていった。この段階で両者のモードは確固たるものとなりテープは切って落とされた。

別荘の完成を見て

一枚の方眼用紙を前に心の中で描いた姿を型にしていくことは素人の私にとって大変楽しいことで有った。冬をはさんで一年半程で完成を見たその家はシンプルにして質実剛健。抱いていることが形になった⾠び、後年どなたの設計ですかと尋ねられる程の出来ばえであった。

完成したこの家は百年の家とまでいわれた。空間は夢をはるかに超えていた。この家はきっと愛せる、と直感した。夫と私の勝利であった。

別荘としての住まいに組み込まれた三階建ての高さにも負けない吹き抜け天井の広い空間。明確な用途や、利用目的等全く念頭には無かった。都会では味わえない広い空間で暖炉を囲み、非日常の時間を過ごしたい小さな夢。それは想像をはるかに超えるものであった。

しかし今こうして目の前に見上げる空間は伸び代を秘めている。私の抱いていた以上に可能性に溢れ、私の心の中で大きく変化していく兆しが見え始めていた。急に欲望が芽生え始める。このことが後々苦しみの火種となるのである。夫は「広いなぁ。卓球台が二面は充分置けるよ」と嬉しそう。冗談ではなく高原の別荘はピンポンハウスに傾きかけていた。物件引き渡しの二ヵ月前の二人の会話であった。寝耳に水。大きく変化していく私。全く気付かずにいる夫。

それは突然起こるべくして起きた問題であった。普通であれば、この家を何に使うかは少なからず考えておくべき事柄である。私は方眼紙の上とは全く想定外の姿に建ち上がった家を見て、心の中に大きな変化が起きていたことに気付いていた。思慮深そうに見えてどこか抜けている女。

「ピンポンハウス？」

はるばる東京から来て二人でピンポンをする家。とんでもないと急に反論する。更にビリヤード台まで置きたいという。この大空間はそのような用途で甘えている代物ではない。輝いていける何かをきっと探してあげるという強い思いが湧き上がる。一体私は何を考えていたのであろうか？　考えられないような成り行き。この家に対しての将来の着地点が夫と私とでは大きく異なってきていることに気付いていた。私の心の中の大きな変化。夫の希望もさることながら、私の方にも問題があるのかも知れない。

夫の主張しているプレイルーム構想も避暑地では意外な展開に至っていくかも知

れない等という助言にも私は耳を傾けてはいなかった。しかしどのように使いこなすのか素人の女の上に降りかかった事柄の打開策など考えられなかった。プロデューサーもいなければ、ディレクターもいない。これは単なる無知な女の背伸びにも見える。心の中の大きな変化を責めても良い結果には至らない。冷静になろう。何もかも思い通りに事柄が運ぶことは難しいことと己を慰める。私が思っている事柄こそ、根拠の無い唐突なことかも知れないと弱腰になる。別荘が建ち上がった安堵感。忙しかった日々を離れ、遠のいてしまっていた東京での普通の日々を送ろう。何かの発見に至るかも知れない。きっと予測も出来ないような事柄がどこかに潜んでいる。このままの熱く闘争的な二人の関係を続けていては、この先の将来に向かって決して良い結果には至らない。宙に浮いてしまっている高原の別荘の異なった将来像が私の頭の中に居座り続けている。

東京で過ごす普通の日々。当時は華やかにデパートのアートサロンルームで染や織などの新進作家のエキジビションに人々は新しい刺激を求めて群がっていた。以前にはゆったりと作品を鑑賞してトップランナーに憬れを抱いて見ていた女。しかし全く異なった視点で注視している私に気付いていた。こんなにも身近に私の求めている世界が微笑んでいる。焦らずにゆったりとした日々を送っていたらきっと何か心動かされる出会いがある筈と、穏やかに思ってからわずか三日後の出来事である。

突然の閃《ひらめ》きが降臨。企画展なるものに気付く。

社会の常識にうとい無鉄砲な女は、案の定、又もや厚い壁に阻まれる。高原の避暑地であるとはいえ、出来たばかりの無名のスペース。手順も踏まずに、紹介者もおらず、ポリシーも定まっていない空間に二ヵ月後に企画展を掛けて頂けないかというオファーに、現在飛ぶ鳥を落とす勢いのある新進作家が快諾する筈はなかった。

その交渉の渦中の私の

「もう辛くて心臓が飛び出して死にそう」

という言葉に夫は私の心の中を知るよしもなく、

「だからピンポンハウスでいいじゃないか」と。辛い言葉が返ってくる。

私はピンポンなんてやりたくない。違い過ぎる二人。土台出来上がった空間を目にして急に思いついたことを、各々が強情に主張しているという事柄が現実であった。

余りにも性急過ぎると気付きつつも、ここに至って私はどんなに辛い試練に見舞われても、ことあの吹抜けの大空間に対して抱いているイメージは貫いていきたいと考えていた。しかし無知な背伸びは何も生み出さなかった。夫は私の絶対折れない心の変化には全く気付いていなかった。

やがて夏。引き渡された大空間。このひと夏だけでも何とか思いを叶えたくて、素人が単独行動に打って出る。七、八月の夏休みのこけら落としには苦悩の果て、正倉院が所蔵するガラスの器の復刻者「T・Y氏とその仲間展」というタイトルで企画展を開催した。T・Y氏が泣き付く私を救済してくれた。別荘を「K倶楽部3545」と名付けてT・Y氏から披露してもらう。ちなみに「〜3545」はこのあたり一帯の地番である。デビューした高原の倶楽部は人々で溢れた。企画展といわれる世界は少なくとも二年間程の準備が必要であることを教えてくれた。

思いもかけなかった旧友のエキジビションは私を元気付けてくれた。この真新しい空間は何事も無かったかのように素人の領域を超えて堂々と歩み始めたかに見えていた。しかし、これから先のすべての解決にはまだ至っていないのである。無鉄砲にも見えたこの行動はこの女の中に秘められた可能性の一歩であったかも知れない。

結婚以来、脆弱とも捉えられる専業主婦という役割を果たしてきた。不安の無い日々であった。しかし今回のこの事柄でその柵を一瞬で飛び越えて、周囲を少し見渡しているかに見えてたちまち放たれた猛牛のように、世間の常識からもかけ離れて独走している私がそこにいた。後先見ずにがむしゃらに立ち向かう。夫は黙って私を見ていた。私は一人で世間の普通を学習した。

倶楽部の行方

夏の喧噪の日々を過ぎて九月に入ると別荘地は静けさを取り戻した。倶楽部は常時スタッフに任せて、週末になると東京から二人で訪れることが習慣となっていた。ピンポン台の導入にはまだ至っていなかった。ただ、一回の企画展であったとはいえ週末になるとこの倶楽部は賑わいを見せていた。夫は東京とは異なった高原で過ごす週末に期待を抱いていたが渋滞に巻き込まれつつ訪れる倶楽部はざわついていて、妻も気ぜわしく、食事も不規則にして満たされず、描いていた日々とは程遠かったのであろう。夫の不機嫌さはつのる一方であった。

あのこけら落としの未成熟であったかも知れない企画展。その名残りを引きずっているかのように、私にしても予期せぬ方向に進み始めていることへの戸惑いは充分に有った。夫にしてみれは尚更で、全く思いもよらぬ日々に至っていることに週末が近づくに従い不満が巨大化する。オレは今回は行かないぞ。何だって単純な丸投げタイプの夫とはいえ昭和一桁の九州男。理解は出来ていた。日曜日の夜渋滞の中、東京に戻るという不満の連鎖。ここに至り別荘に対する着地点の相違。一人独走を始めていたこの女こそ反省すべきではないのかと自問が湧いたりもする。周りを見ずにただただ素人が邁進している様子は荒馬に似ている。私達二人は将来像なるものを話し合ったり、調整したり激論を交わしたり等納得しながら共生してきた経験の無い数十年で有ったことに気付く。私たちは各々本当の姿を知らなかったのかも知れない。

巨大化していっている二人の違い。このまま放置しておくことは出来ないであろうと気付いていていた。ここに至って二人の間に起きた初めての大問題。何を大袈裟なと思うかも知れないが、私は人生を賭けていた。

一途に独走している女の側に原因があることはわかっている。しかしこの道に進みたい私の選択は困難を伴うけれども将来的にははるかにたけている。夫は多分かけずり回ってしまう女房の姿がいやだったのかも知れない。別荘の使い道を巡って歩み寄れない二人。何てつまらないことで争っているの、と人は思うかも知れない。自分の考えている道こそ最善であると信じている。

打開策も無いまま困り果てている日々を送っていた。そのような折に、親しい植木屋さんから突然の電話。経年二十から三十年程の「花の木」が営林署に入ったという情報であった。それは今の我が家の状況において願ってもない朗報であった。

行き詰っているこの二人に風穴を開けてくれることになるのか。もう迷うこと無く即刻倶楽部で引き取ることに話がまとまった。

「花の木」はアメリカの北半球で化石で見つかってはいるが、非常にめずらしく現在日本においては東濃地方そして愛知県や長野県の一部にのみ生育している天然記念木である。ハナカエデという別名があり水が絶えずにあるところを好み、その木を余り目にすることは無い。これは突破口なのか？　数日後ユサユサと十メートル以上にも及ぶ木々が到着。夫の様子が激変していくようにも思えたが多分一時的なことであろう。「花の木」の来訪が夫の心を変える。信じ難くもあった。その様に簡単な事柄で事態が好転していく等という甘いものではないという疑いの方が大きかった。きっと難航するであろう。

「花の木」はすべてを帳消しにしてくれる魔力を秘めているのであろうか。しかしその疑問は信じ難い方向に進みそうな気配に変わることになる。この事柄は私にとっても大変意外で有った。

シンボルツリーとしても相応しい樹形のもの等、当初二本根切りをされた状態の大木は活着するのに四、五年を要するという助言を受けた。夫の中にこの高原の別荘への夢が描けてきたのであろうか。日を経るにつれて私が賛同しかねていたピンポンハウス、あのゲームルーム計画も影をひそめるようになっていた。幸運な女。これはクリアーなのか？　木は生涯に亘り夫の支えとなってくれるのか。それでも未だ心のどこかで疑心暗鬼な思いは捨て切れず、植樹が終われば又気持ちが再燃するであろうと予測していた。別荘で過ごす週末の楽しみを簡単にはあきらめないであろう。何も持ち合わせていない妻に何かを背負って苦労することは無いだろうという考え方であった夫。私も暫くの間心の休息が必要であったのかも知れない。闘争の日々は大きく体力を消耗していた。

しかし木は思いもよらない偉大な力を秘めていた。私には見えない木の魂に夫は出会っていたのかも知れない。

高原の倶楽部の一員になった木に夫がここ迄急変してくれることは想定外であった。植木屋さんの指導通りに植えた根本から直径五メートルにも及ぶ大きなドーナツ型の壕を掘り効率よく水を吸い上げるようにする作業は夫がすべてやるという、考えも及ばない想定外のことであった。高原に通う最大の楽しみ、それは木の手入れをすることとなっていった。実生は難しいといわれていた木が数年後二本、三本と育ち、希望があったお客様には、数年間倶楽部で育ててから渡していた。この頃に至り成長して花が咲いたという報告が私のところに来るように。夫と私は心を一つにしていた。あのおおまかな夫がここ迄木々を可愛がる細かな神経を持ち合わせていた人であったことに驚く。プレイルーム構想はどこかに消え去っていた。

木は思いもよらない不思議な使命を持っていた。

ようやく着地点が見えた。花の木がかみ合わなかった二人の関係の修復に大きく貢献してくれた。譲り合えなかった二人の闘争。後年更に数本の植樹をして、夏には大きな木陰を作り、秋には美しく紅葉した。各々の季節に合わせて木々を鑑賞する人々の訪れも有り、押しも押されもせぬ倶楽部のシンボルとなっていった。

物言わない高原の別荘に望みも持てず出口を見出せない二人の間に横たわっていた大きな亀裂も、考えられない程に好転を見せた。今では夫の気持ちを大きく変えた花の木と、私が心に描いていたこのステージは両輪で、数年間は年に二回の「企画展」を掛ける形に定着していた。高原の倶楽部はあの出発点の頃の不安定さは無くかつて断られていた新進作家のエキジビションも進んで展開してもらえる迄に出世した。これはこの女主人の汗と涙のたまものである。この素人オーナーも見事な迄の存在に成長していた。茫洋とした心の中を永きに亘りざわついていた事柄は、このような姿に辿りつきたかったのであろう。

二人にとって不満の無い日々、意欲的な時間を送り、この安定感は上出来な筈では有った。この日々の訪れには今は何も望むことは無い筈である。しかしそのような落ち着いた日々にあっても、更に何かを求めていた記憶。隣で全く明るい夫。私自身、自身の何故かをわかっていない故に体の中にひそんでいる熱量を計りかねていたように回想している。もう寄る年波、更なるものを求めることは止めよう。倶楽部の評価も上々で穏やかに日々を重ねていけるのに何をどうしようというのか？心の奥に潜んでいる得体の知れないもの。当時私の周辺にあった様々な誘惑が要因であったのかも知れない。落ち着き始めると又心が暴れる。気持ちが揺れ動いてしまう私の性分。

そのような折に東京で友人と会う。当時デパートのトレンドといわれていた二子玉川。二人の待ち合わせは大体決まっていた。私が三十才頃迄は渋谷〜二子玉川間は路面電車であった。出発ベルが鳴っていても、走りながら手を振ると止まってくれるというローカル感漂っていたかつての桜新町も変わってきていたが何故か玉川高島屋のトレンドは人々を引き付けていた。

その人はアンティークジュエラーとしてヨーロッパに通い続けている、私より若いH嬢。会うと話題はいつも噂話等、様々に及び終わりが見えない。私の今の心を知ってか知らずか、ヨーロッパ同行に誘われる。何気ない会話の中で、私の心の中を読み取られていたのか。揺れ動いていることに気付いている。私の中に何か求めていた漠然としていた風景は、このような変化であったのか。しかしこの話は私にとって余りにも不相応であった。

それは今回が初めてということではなく誘いにはいつも「ノー」であった。ヨーロッパ骨董なるこの高いハードルに知識が全く無かったことが断り続けてきた理由であった。無鉄砲に突進するかに見えて非常に臆病な女でもある。しかし久し振りの再会であった彼女と四方山話をしているうちに誘いを柔軟に受け止めている気持ちの変化に気付き始めていた。不安の無い安定の日々に私は見切りをつけようとしているのか。非常に注意深い筈の女が新しい見知らぬ世界への選択に傾き始めていたのだろうか。条件の整わない私には、いばらの道が想像される。しかし傾きかけていた気持ち。歩んだことの無いこの世界。全く経験したことの無い道には大きなチャンスが隠れているのかも知れない。急に不安という事柄が消え去っていく。私はきっとやっていける。

かつて専業主婦といわれていた頃、ここ迄深く意欲的な生き方をしていた記憶は無い。訪れる日々を普通にのんびりと、平坦に送っていた。しかしここに至っては異なった人格が顔をのぞかせている。骨董の知識のある無しなどもう問題ではない。目の前のこのチャンスに飛び込もう。私の心に起き始めている変化。この道こそが私の進むべき道。急に変貌する女。ポジティブシンキング。それは自然と舞い下りた。未知なる世界を歩んでみたい。見知らぬ日々を夢に描いていた。怯えることは無い。私はきっとやっていける。遠ざかっていく恐怖感。反対する人もいない。さりとて賛同者もいない。自分の意志で新しい世界に足を踏み入れてみよう。私は未知なる世界への同行を決断するに至った。この大きな変化は、夫との二人の人生で様々な得難い体験につながっていく。この日の決断が源であった。

初めてのヨーロッパアンティーク買付け

これが倶楽部の新たなるステージの始まりであった。ついに未知なる世界への参戦に至る。初めてのヨーロッパアンティーク買付けは、高原の倶楽部が建ち上がってからわずか五年後一九九六年十二月、二週間にも及ぶ行程が組まれた。

全くこのお荷物ともいえる私を誘ってくれたH嬢。彼女にとってはとんでもなくお手数な同行者となる。出発に当たっての様々な説明も、初体験の私には、ほとんどど意味が伝わらない感じ。とにかくビッグなトランクを不慣れに引いて、一メートル程の後から彼女の姿を見失わないようにただただ懸命に追っていた。こうして新たな事柄に立ち向かっている得体の知れない高揚感。何もわかっていないこのお荷物な女の上に、どんな事柄が待ち構えているのか？　常に怒られながらの情けない同行で有った。

初めての行程はパリに入国してリヨン滞在を経て更に南仏の骨董街を巡り、リヨンの基地に戻りパリへ。後半はロンドンに移動してヒースロー空港出国迄、めまぐるしいスケジュールが詰まっている。覚悟の参戦である。

パリのホテルは、メトロのパレ・ロワイヤル＝ミュゼ・デュ・ルーブル駅から地上に出て歩いて一分とかからない。ホテルというよりは小さなこの宿は、中庭の周りに部屋を配した五階建てであった。露地に建つこの宿は位置的にパリのど真ん中である。手狭ながら安らぎの伝わる宿、私はすでにお気に入りになっていた。其の後永きに亘り、この宿は私のパリの基地になってくれる。

小さなレセプションには二人の女性が待っていた。一人はH嬢のパリ留学中の娘さん。もう一人の女性は私よりはるかに若い、リヨン在住の日本人のディーラーであった。出発に際して話は聞いていなかった。この先のことなども全く想像は出来なかった。しかしリヨンにガイドが付くということで私は安心した。

宿は時代感が漂っていた。目の前はルーブル美術館。隣接するアーケード街に点在するレストラン。夜の11時も過ぎているのに賑わいは宵の口である。ディナーの予約をしていた様子であった。未だに忘れることが出来ないテーブルの上に並べられた、お皿にのせられた魚料理の姿。パリの一流レストランのしつらえ。細長い魚をのし結びにして、蒸し上げたような調理法。ブイヨンが皿ににじみ出ている。ぶよぶよしていた。しみ付いた日本人の普通と、余りにもそれはかけはなれていた。泳いでいるように、串刺しにして、こんがりとして、こげ目を付けた焼魚には程遠い。ああ、私は、これはもう駄目と、魚を口に運ぶことは出来なかった。

成田を出発してから、ゆっくりと眠ったり好きなものを食べたりという記憶がない。これから先は体力勝負になる予感。土地の風習にも慣れていく必要にも気付く。疲労と睡魔の極限。一瞬の挫折。空腹のまま部屋に戻り、今日一日はこれでお終いと思いきや、突然ベッドの上にあのリヨンのディーラーが、フランスアンティークの数々を並べた。一瞬で、素敵だーとばかりに、この異常な展開にも素早い反応で心身は覚醒する。動物的反応でお好みのスプーンやピンブローチ等お気に入りをゲットして、午前二時頃にパリの初めての夜、ベッドの上での買付けは終わった。成田を出発してから熟睡した記憶はない。H嬢の娘と三人で小さな一つのダブルベッドで丸まって寝た。天井を見上げると水洗用の水タンクと、そこに下る長いチェーン。当時はまだビデが備えつけられていた。見慣れない光景であった。最初の夜、異常ともいえるこの展開により三時間程の仮眠で早朝南仏リヨンに向かった。

容赦なく襲いかかる買付けの洗礼。

初めて乗るフランス国有鉄道。どこかソワソワとしていた。パリから二時間程して到着したリヨン駅。初めて歩く旧市街のモールを見ているとチラチラとステッキが目に飛び込んでくる。今日はあのガイド役のディーラーが、ルネ・ラリックのコレクターを紹介してくれる段取りになっている。世界中の業者から狙われているといわれているこのディーラーは、溢れるばかりのベストコンディションのラリックを取り揃えている。驚きながら見詰めている私の視線の先を、彼はいち早く読み取っていた。それは、あの花瓶。重厚な「アヴァロン」。これはパリの田舎の村の風景が名付けられているという。日本で見た記憶は有るけれども、オパールセントの色合いの美しさは実際のオパールにも劣らない深い輝きを放っていた。「私と共に日本に」。ここで私は顔を見合わせて迷わずに決断する。生き生きとした小鳥の姿もオパール色で美しかった。出発前に抱いていたあの不安。今はもう無い。一つの出会いで私はきっとやっていけるという自信が漲ってきた。其の後のモールでも十九世紀男性専用倶楽部で使われていた持ち手が足型のナイフ・フォークセットの買付けに成功。これは日本語ガイド付き故であろう。

あの初めてのパリの夜にしても、もうどんなことが目の前で起きても恐れない。日本で待っているあのステージが、より一層私を闘争的にしてくれる。私は絶対やっていける。

リヨンの郊外を回り、更に南仏のアビニヨン・モンペリエと数日を費やして蚤の市をかけ回る。観光とは無縁のように見えてアビニヨンの宿から高台の教会の金色のマリア像が見える。夕暮時に見たあのマリア像に心をさらわれていた。仕事の途中であることは脳裏には無かった。これらの体験のすべてが、一人での買付けの自信につながって後々の私の財産となってくれた。夕陽に輝いていたあの金色のマリア像を、私は忘れない。

午後の旧市街のリヨンは人の気配が全く無くなる。歩いているのは私達二人。迷路のようなオーガストコンテ通りのデリカテッセンで店のお姉さんの勧める、ラタトゥイユとパルミジャーノ・レッジャーノを買う。ビールも忘れなかった。この人の気配の全く無い旧市街の昼下りに驚く。帰りのパリに向かう車中で二人、大人気も無く取り合いのけんかになる。高級レストランよりも、はるかに旨かった。争いながら食べて一つの大きな山を越えた安心感。私達二人はパリ到着迄熟睡していた。
私は沢山の収穫を手にして茈びに溢れていた。実り多かった初めての南仏での買付け。素人の異邦人であることはすっかり忘れていた。アンティークの知識の乏しさを恐れることはない。大好きなものに出会ったら瞬間的に飛びついていく素早い技が身につく。

最初に入国したパリに戻りいよいよフランスアンティークの世界に。ルーブル美術館脇のル・ルーブル・デ・アンティケールと言われているモールではミュージアムクオリティと呼ばれている品々が溢れていた。そこは投宿ホテルから歩いて一分という地の利故に滞在中に訪れた回数は驚く程であった。振り返ればそれは得難い学習の場でもあった。逸品を見ることは、私自身のクオリティアップにつながっていく。

他に蚤の市等、特に圧倒的なクリニャンクール。初体験で不慣れであるとはいえ、リヨンで育んだ選択眼を生かして精力的に買付けていく。すべての素晴らしさは、その時代の職人による手仕事の美しさ故ということに気付いていた。特に私が心揺り動かされるものは、日本から訪れている他のディーラーの好みとは何故か異なっていたことは幸いで有った。どんな用途で有ったのか、現在ではもう使われなくなってしまったようなもの。ぶ厚いコッパーで出来ている横長のフィッシュボックスや暖炉用の石炭箱といわれている箱物、その美しさに目を奪われていた。それ等はすべて重量が有りサイズも大きい。いつも横から「持ってあげないわョ」とH嬢に釘を刺されていた。不馴れな初めての買付け、しょんぼりと「わかった」と言いながらも手で持てる量をはるかに越えてしまう。初心者はコツもわからずに欲望に負けてしまい怒られながら頭を下げていた。彼女は仕様のない私を助けてくれていた。好きだと思えば、直ぐにゲットしてしまう私は、滞在中での出会いを逃す訳にはいかない。それが素人ディーラーの辿る道。典型的であった。

以降モールや蚤の市は数え切れない程訪れることになる。一人で訪れるたびに初回のこのほろ苦い思い出がよみがえる。未成熟なディーラーの姿を決して忘れない。

この日が始まりであった。懸命に没頭していた私の姿が浮かんでくる。そして後年には、どこでどのようなものに出会えるか、その可能性迄予測がつくディーラーに成長していった。

不安と希望の交錯する初めてのヨーロッパ買付け。次なるステージはロンドン、パリからの移動は初体験のユーロスターであった。見るものすべてに不慣れなこの女は昔のオリエント急行の空気漂うウエイターを見詰めていた。この移動は其の後数え切れない程の回数を経験することとなる。二時間程の乗車。フランスでの買付け品は宅配便ですでに発送しているにもかかわらず、沢山の荷物を抱えてロンドンに入国する。当時はウォータールー駅であった。大荷物の私達二人はタクシーでホテルに向かう。ホテルの車寄せから向かいの路地にパブの明りが見えた。ここは間違いなくロンドンであることを実感する。地下鉄のラッセルスクウェア駅から至近のこのPホテルはチェックイン前からすでに私のお気に入りになっていた。

夜H嬢から滞在中のイギリスでのスケジュールの説明があった。明朝はモーニングビュッフェが開く前にホテルを出発すること等、数点の気を付けることを聞く。この素人ディーラーを指導する彼女も大変である。未経験故かなかなか理解に至らない。自分自身の仕事を目標としてヨーロッパに来ている人に、私の大きな失敗で支障をきたすようなことは決して出来ない。浮かれている場合ではなかった。注意深くついていく。

翌朝地下鉄のシャッターが開くと同時にホームに駆け込む。巨大駅キングスクロスステーションからフェアー会場迄は二時間程の乗車である。差し込む朝日を受けながら想像出来ない世界に向かっている。車窓から見える風景は牧草地であろうか？　果てしなく続いていた。

このフェアーを目指して世界中からディーラーが訪れているという会場。ここではもう彼女の後を、見失わないように歩き続ける広さではない。沢山ある出入口の中で、この白い巨大な旗の立っているポールの下に午後四時に待ち合わせることを約束して二人は会場に散った。

ここは巨大競馬場である。沢山の大きな厩舎でのブース展開。あるいは巨大テント。更には露店、と無限である。一体この会場でどのような成果が出せるのか？私は少し立ち止まってから動き始めた。見渡せない程のはるか遠い端を確認しながら、ここから見付け出していくことへの大きな不安。自分で選択したこの道は途方もなく巨大でどのようにして立ち向かうのか、果てしない会場で抱いている成果が出せるのか、戸惑いの気持ちに覆われていたことは未だに忘れていない。

ディスプレイされているものを一体何に使うのか、そしてそれをどのようにして使っていたのか見当もつかない異国のもの。日本では見たことのない、めずらしいその品々の前に立ち止まり見入っていた。すべては美しかった。それは手仕事、故であろうか？　私は何故かはるか昔の職人の顔や、特注したと思われる当時の人々の顔迄も浮かんでくる。この物たちは豊かな営みの日々が有ったことを語りかけてくれる。様々なものが目に飛び込んできてパリとは又異なった情景を創り上げていた。この巨大会場は私を大きく変化させてくれるステージになっていくだろうという予感に包まれていた。不安は捨てよう。

それでも目に飛び込んでくるもの、ジャンルを問わずお気に入りを買付けながら、何故か心に刺さるアイテムに傾き始めていた。それは大小様々な型の工具である。かつてアメリカ西海岸ロスアンジェルスからサンディエゴに向かう途中にあった、アンティークカーの秘密基地。そこに各々の車に定められた工具セットの美しいキャビネット。今の私はその時の感動の再現か。ここロンドンの工具の素材は鉄やブラスそして木を巧みに組み合わせて仕上げられている。私の考える実用の領域を超えていてただただ美しかった。

「欲しい」

多分ほとんどのディーラーはスルーであろう。しかし私は出会った美しい工具を惜しげもなく次々とゲットしていった。心の奥にディスプレイイメージが形づくられていくのを感じていた。どこから見ても男性ディーラーの収集であろうと思われる構成。しかしこの倶楽部オーナーは女性であるということも大きな話題であった。

初回買付けのこの工具の類いを巨大な立体額に並べて倶楽部の大壁に雄大に飾ることでステージは更なる風格を増した。一般的には評価の乏しいこのアイテムの展開は一部の層から称賛を浴びた。自分を大切にして好きなように懸命に追い求めていくことを学んだ。心に描かれている風景に近づきたいと、どんな苦労もいとわない。我武者羅な魂に動かされていた。ハンマー台ともいわれている様々な型をしたアンビルを後年追いかけることにもなる。

初めてのロンドンの巨大会場を見尽くすことは困難である。H嬢との待ち合わせは午後四時。間違えてしまったら一大事、一人ロンドンに戻れないのである。唯一の頼りであるH嬢との待ち合わせ場所の目印は、巨大な白い旗の下であった。他にも数本の色違いの旗がはためいていて会場から離れたところでも見極めることは出来る。巨大会場故にたどりつく迄、大変である。遠くに彼女の姿を見付けて私は近づきながら笑顔で大きく手を振った。重そうなものを手に持っている私を見て「又重いものを買ったのね」と。私は幸せだった。今日の出来事を止めどなく話し続けていた。

今回のこの体験は其の後の私に大きな影響を与えてくれた。このロンドン・キングスクロス駅は後年ディーラーとして片道百数十回にも及ぶ成田・羽田その往復を繰り返す中で、一番利用した駅であろうと思われる。後年キングスクロス・セントパンクロス駅はイギリスのユーロスター始発駅となる。

こうして様々な出会いや協力を得て一人でヨーロッパやアメリカへの買付けに明け暮れて倶楽部を輝かせていくことが私の人生の究極となっていた。当時東京有明の国際展示場（ビッグサイト）で開催されていた巨大アンティークフェアー。西洋アンティークエリアに恐れもせずにディーラーとして参戦する。真夏と真冬の各々三日間の開催であり、体力的にも大変ヘビーな戦いではあったが全く素人のこの老ディーラーは恐れを知らない。自由気ままなブース表現はユーザーの心を捉えていたのかも知れない。好きなように展開していたこの倶楽部がカリスマと泣いわれて人々で埋まるという信じ難い現象に一番驚いていたのは私自身であった。年二回のこの催事出展も常連となって、高原の倶楽部の知名度は全国的になっていく。この予期せぬ事態は十数年に亘り私の戦場となり、海外買付けに拍車がかかり大きな生き甲斐となっていった。

最初この国際展示場への出展は、余りにも性急過ぎるのではないかという思いが私の心の中に渦巻いていた。催事において今迄と立場が逆転することになる。沢山の出展者に混ざってどのような結果に至るのか、未経験なディーラーは不安がふくらんでいた。設営に伴う備品等は展示場でのレンタルで支障は無かったけれども高原の倶楽部仕様で持ち込める備品は東京迄運んでおく。辛さもかえりみずに、肉体を酷使していた。

しかしこの出展は倶楽部にとって更なる前進の一歩となった。この倶楽部アイテムのユーザーがこんなにも全国津々浦々にいることに私は驚愕した。それは老若男女と大変幅広い顧客層であった。そのことが更に自信を深めていくことになる。ファンの人々とも次第に親しい関係が築かれて、催事は私の生き甲斐に迄なっていた。私が一番高齢であった故か、ある時から「姉やん」と呼ばれるようになり、ブース全体でお客様が私を姉やんと呼ぶことが常習化していた。最初に言い出したのは私より三才若いぜいたくなムッシュであった。

「ねェ、お願いだからその言い方好きじゃない」という私に

「だって、そう言いたいんだよ」とニヤリ。

もう仕方ない。愛嬌があっていいではないか。「許す」と国際展示場での姉やん

は大ブレイクするに至る。何でも追い風として思うがままに進んでいくこの女にストレスは無かったのであろうか。夢を見ているような日々でもあった。

猪突猛進にも見えて大変臆病でもあるこのディーラー。不思議なものでよく似た個性のお客様の支持を得て倶楽部の色合いが確立していった。まだ道半ばとはいえどこか得体の知れない充実した気持ちで私は舞い上がっていた。夫は倶楽部が変貌していく姿を見ても干渉することもなく、花の木と向かい合っている充実感にただただ溢れていた。

相性のいいフィールドに着地してごきげんな妻と、倶楽部にはそれ程の興味を示していなかった夫。二人は各々の道で幸せだった。

これはひととき辿り着いた安らぎかも知れない。しかしここに至る道のり。人の気配の乏しいこの別荘地の中にあってヨーロッパアンティークなる看板を掲げていることも最初から意図したことでもなく周囲の人々が抱いている不安を気にかけながら流れでこのような形に至ってしまっている無計画さ。この紆余曲折の流れを泳ぐように素人の選択は思いもかけない進化を遂げているのである。倶楽部のしつらえは海外から連れてこられたアンティーク、異質な生花等の取り合わせは、ことごとく好まなかった。マンネリ化に陥りがちなこの倶楽部のフロアーに、ある日突然雑木林が出現した。直径が一メートルにも及ぶ常滑の大瓶の中に吹き抜け天井に届きそうな雑木がストン、と入れられていた。ステージには木々の香りが漂っていた。当時日本で著名な華道家といわれていたK氏にちなんで、倶楽部のK氏とはやしたてられてもK氏が何たるかを知らずにキョトンとしていた。

その男こそピンポンハウスを主張して譲らなかった夫である。又晩秋には想像を超える大量のすすきが大瓶に飾られた。自然の力強さはすべてを凌駕していた。永年金融の世界を歩んでいた男。異世界も知る驚きの進化を遂げていた。自然を最大限に生かすこの手法は評判を呼び、喝采を浴びた。この淡とした姿。林の中の高原の倶楽部は、いつからか二人のものになっていた。

運転免許取得秘話

別荘を建てようという話が持ち上がった時に越えなければいけない大きな峠。運転免許取得という私にとっては、とんでもない難題が立ちはだかっていた。「自転車だって乗れないじゃないか君には無理なことだ」と永年私がハンドルを握ることには大反対であった夫。自分がするから君は必要無いという意見を繰り返し、話はいつも平行線であった。誰かに言われる迄もなく、最も不得意なジャンルであることは自身一番わかっていた。しかしこれは軽い気持ちで戦うのではない。ここから先に至り行く、はるか遠くを私は見ていた。このライセンスは必須であった。この峠は絶対に越える。ドライビングスクール入校を決断する。

とんでもない不適格な女の教習所内試験の落第は四回にも及ぶ。更に路上検定においても不名誉な上塗り四回。ドライビングスクールにしても匙を投げたくても見放すわけにもいかず特別な教官チームを作った。女は全く見るに耐え難い哀れな迄の姿となりながらも、どうにか免許取得に至った。栄光の全く無かった私だが教習所に残る一つの逸話が有った。「筆記試験で満点の教習生が一人いる」といわれていた。最長の半年間通い続けたこの教習生へのせめてもの労い。今でも忘れていない。

後年一人でハンドルを握りドライビングスクールの路上教習通りとなっていた世田谷通りあたりを走っていると教習車と離合することが多々有った。窓越しに私を見付けて「おいおい無事にやってるか？」と不安は拭い去られていない様子が目で読み取れた。「ソーリー大丈夫ョ」と、私は笑顔で答えていた。永い年月に亘りこのライセンスは私の人生にとって欠かせない役割を果たしてくれることになる。

夫とヨーロッパ同行の決意

このままずっと素直な日々が送れそうなのに、又もや心の片隅に不安な火種が灯り始めていた。私の前にはいつも何かが立ちはだかる。落ち着きを見せると又次なる課題に見舞われる。それは多分前に進む為の変化の兆しなのであろう。大決心をしたヨーロッパアンティークの体験も自分がお気に入りとなれば懸命な努力で、わずか四年程の経験の積み重ねで個性派業者といわれる評価を得ていた。あのH嬢の後を見失わないようにひたすらついて歩いていたのは二〜三回であった。ここに至っては年に数回は一人でヨーロッパ往復を繰り返すまでになっていた。

結果このような留守がちの常態化は東京に一人残されている夫にとっては考えてもいなかった不便さで遠方に出かけてしまう妻への不安に見舞われる日々になっていた。毎日の食事の準備等はもう全くの不得手な夫であった。二週間近くにも及ぶ度重なる留守の不便さに気付いてはいながらも、私は気がかりな気持ちを振り捨てて通い続けていた。それはヨーロッパの忍耐を伴う厳しさ故、夫を簡単に巻き込んでしまう訳にはいかないという考えが優先していたからだ。自分の都合で選んできてしまっている道。夫の好みとはいえない事柄の為、同行は望んでいないであろうという思い込みもあった。しかし時間が経つにつれ、決めつけていることに疑問を感じ始めてもいた。

これはきっとベストではない。買付けの土産話を聞いていることよりも苦楽を共にする時間を送ることの方が貴重に思えてきた。私が一人ヨーロッパ買付けを終えて箱崎に戻ると、夫はそれはもう嬉しそうに迎えに来て無事を喜んでくれた。

元来明るい性格の夫とはいえ年も重ね、リタイヤメントも遠からず一人案じながら東京で帰りを待つ気持ちは推測出来ていた。決断には時間を要したが、やはり二人で一緒の方がきっといい。夫をヨーロッパ同行に誘ってみよう。それはこれまでの私の中には全く無かった選択肢であった。

二〇〇〇年暮のヨーロッパスケジュールを立てるに当たって「どう、行ってみる？」と夫に尋ねてみた。「そうだね」と想定外の反応に私は驚いた。まさか「本当に無理じゃなく――」私は念を押した。「いいよ」想定外の方向に進みそうな気配に計り知れない不安もよぎる。四〜五日のアメリカでの買付けとは忍耐のレベルが違う。かつてH嬢の誘いに乗った私の場合とは訳が違う。全く路線の異なる夫は二〜三日で限界に至ってしまうのではないだろうかと不安だけが浮かんでくる。しかしここに至りあれこれと考えることは止めよう。夫の気持ちを信じてとにかく二人一緒の方が不安も無く日々が送れる。私が手を焼いてしまう結果にはならないか。舵は想定外の方向に切られた。

二人で行く最初のヨーロッパ買付け

決断は意外に早かった。こうして二人揃ってトランクを引く姿が十二月のロンドン・ヒースロー空港に現れた。そちこちにクリスマスの飾りも目に入ってくる頃、かつてH嬢に連れられた情けないまでの初めてのヨーロッパ買付けからわずか四年程の経過で今度は夫を伴ってこの私の先導での二人旅。これは想定外のことだった。

しかしこの旅は希望に溢れ、不安も無く安らかな気持ちで臨めた。今回はロンドンに入国。ユーロスターでパリに移動してロンドンに又戻るというスケジュールの幕がいよいよ切って落とされた。

私は夫にすべてのフェアーに同行してもらうことは最初から望んではいなかった。夫も自分の気分重視で自由な時間を過ごし旅路に順応してくれていた。私は夫に気遣うことも無く情け容赦なく行動していた。ホテルで気ぜわしくしている私を見て手伝ってはくれるものの壊れもののパッキン等は成田迄無事な姿はとても望めない仕事ぶり。自分で希望している訳でもないこの仕事に夫への期待はしていなかった。二人になると食事をはじめとして私にかかる負担は倍増する。しかしそれでも私は二人の方が良かった。心強かった。

大きなフェアーに同行した折には、再会する場所と時間を決めて自由に仕事が出来るように各々に行動することはディーラーの間では常識であった。この巨大会場にはシーオーバーラウンジというティールームが設置されていた。会場内で時折すれ違う日本のディーラーから「ハズバンドは休憩しているわよ」という情報を聞いて不安無く仕事に励むことが出来た。

この日の夫は数点のロンドンアンティークをゲットしていた。後に高原の倶楽部に飾る。後日前面にディスプレイ変えされていた事柄を微笑ましく思い出す。それはディーラーの本能でもある。花の木の守り人。夫も大きな進化を見せ始めていた。

パリでは常宿のすぐ前に有ったル・ルーブル・デ・アンティケールという高級アンティークのモール街へ。ここはミュージアムクオリティといわれる名品が目白押し。知識の乏しい私にとって静かなこのモール街はバイブルであった。この時空を超えた不思議な空気漂うフロアー。並ぶ沢山のブース。立派なケースの中には所狭しと競うかのように飾っておくディーラーが一般的であるが、ここは異なっていた。静かにデスクに座る老婦人のまわりは数冊の本と、立派なショーケースの中にただ一つ飾られたチョッパー。

私は一瞬、数世紀も遡るあのポンパドール夫人を見ているような妄想を抱き、ミステリアスな貴婦人に「見せて頂けますか」と小さな声で尋ねる。

「貴女はチョッパーのコレクターね」と静かに取り出して掲載されている厚い資料の本を開いて見せてくれた。

鳥など小動物をさばく用途で重く頑丈でありながら、そのチョッパーの背は顔と尾がかわいい鳥の姿。これこそ私のアイテム。フランスの貴婦人は笑顔で何故か片言の日本語での対応であった。

かつて過熱していたヨーロッパアンティークブーム。日本から押し寄せる業者とのコミュニ

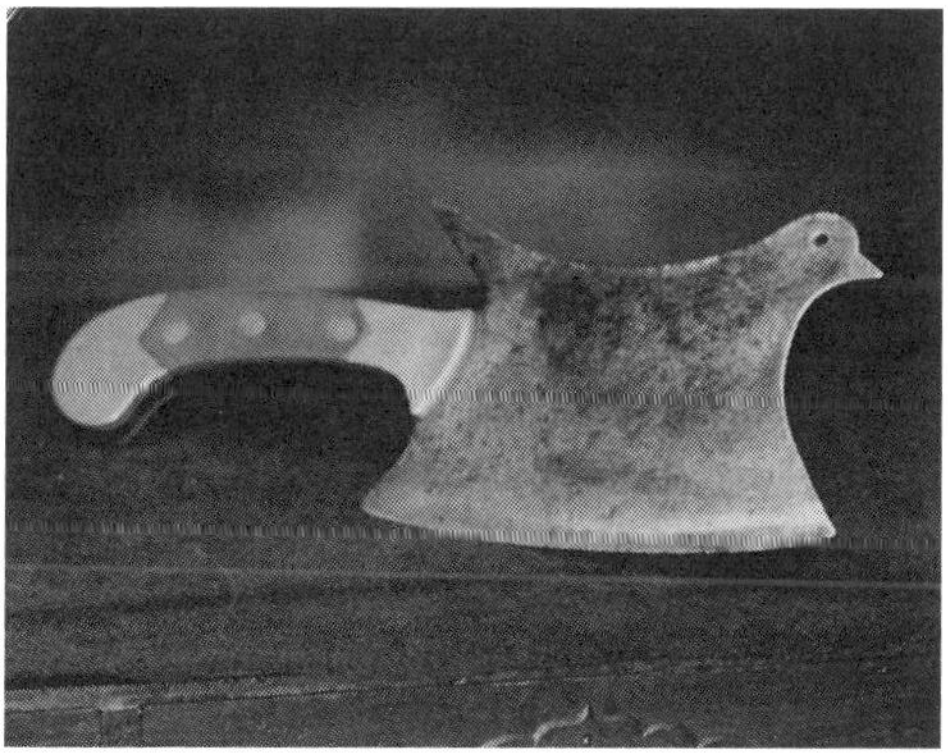

鳥のチョッパー

ケーションは学習していた日本の言葉。心が通いあう片言の日本語。それはパリのど真ん中での出来事。ただただ美しいので買う、その姿勢は未だ健在であった。宿に戻り再び取り出してながめながらこの出会いに浸る幸福感。一人ではない。傍らには夫がいた。このチョッパーは後年ホテルのレストランオーナーの元に旅立っていった。夫は笑顔だった。喜ぶ私を見詰めていた。私は決して売り惜しみはしない誇り高いディーラー魂を持っている。手放したくない等とコレクターに変身したりはしない。私に見染められてそして更に私の大好きな人への偏った手放し方。その幸せな旅立ちを見届ける。

この初めての体験はすべてうまくいっていたかに見えていた旅の最後。成田に戻る飛行機に乗り遅れてしまう。このとんでもない失敗は気持ちのゆるみか、お互いに頼ってしまっていたのか、フライト時間の思い違いか。それに加えて予想を越える道路の渋滞でタクシーが前進しない。見切りをつけて地下鉄に乗り換えた。ヒースロー空港に近づく頃、角度をつけて急上昇していくジャンボ機の様子が走行中の地下鉄の車体のガラス戸越しに映る。私達はあの飛行機に乗って成田に向かっている筈であった。

沢山の荷物をカートに積んでチェックインに向かった。カウンターにもう人の気配は無い。しかし日本のエアラインの対応は優しかった。「今日はもう帰れないけれども明日の同便をお取りします」と。更にキャビンで利用している最寄りのホテル迄送ってくれた。覚悟をしていたボーディングパス代は不要であった。キャビンの皆様の優しさで、この大失敗を二人は笑顔で帳消しにすることが出来た。

これ以降ヒースロー空港での出国の折、暫くの間「乗り遅れた人」という冠をつけられるに至った。度重なる空港利用で顔なじみなクルーが多かった。この大失態を含めて二人での最初のヨーロッパ買付けは思い出深いものとなった。

進化続く旅路

初めてのヨーロッパ買付けの経験は、進化のスピードを加速化していった。以降わずか五年程で押しも押されもせぬ業者といわれる迄の成長を遂げていた。様々な事柄を克服して高原の倶楽部の仕事の軸もアンティークに定着した。使いこなせなかった大空間は、今に至って私達二人を育ててくれるかけがえのない相棒になっていく。私の成長はそのまま倶楽部に反映していた。

一年間で五～六回の旅をして年に三ヵ月余りも海外で生きているという全く予期せぬ人生になっていた。しかしその旅は大変な偏りでツアートラベルは好まず、近くに世界遺産があるにも拘らず、進んで訪れたりはしていない。観光を目的とする旅の類いにおいても、一度訪れたらもう充分という性分。しかしこのディーラーという仕事は幾度繰り返しても夢中にさせてくれる。この私にとっての救世主となっていた。日本にあっては何気ない生き方をしている女も旅先では見違える。海外での日々は幸せに溢れていた。

昔から開催されている月曜日の早朝コベントガーデンの蚤の市。初荷《うぶに》が多く時としてラッキーな出会いを期待して訪れるディーラーは多かった。ファッションビルや劇場が集まるエリアは夜には賑わいを見せる。不定期ではあるが夜に蚤の市が開かれている時も有った。早朝には出会わない光景を記憶している。セント・ポール教会前に旗をかかげた日本の観光ツアーの添乗員の説明を聞いている十数名のツアー客。めずらしいことではなかった。私達世代と思われるような二人連れが多く見受けられた。何故か笑顔は無く、もめ事で不一致な二人の光景を数回見ている。哀しいけどわかるその様子。リタイヤメントをして訪れた憬れのロンドンの旅はこんなもので有ったのかという、多分記憶にも残らないような集団での詰め込まれたスケジュールに疲れ、夢破れていたのかも知れない。時折見掛けるこの光景は私の心に深く居座っていた。「一時間後にこの場所に集合して下さーい」という添乗員の大きな声が聞こえた。不思議そうに私に笑みを送ってきた人に、一時間を楽しんでね、と心を伝えた。私達もこの団体の一員で有ったかも知れないと思いながら旅路で何かを見付け出してほしいというエールを心の中で送っていた。決められた枠の中とはいえ、思わぬ発見が有るかも知れない。人には思ってもないようなところに意外な人生が潜んでいる。

海外で生活していることが日常化して、夫がヨーロッパに同行するようになってから、夕刻迫ると「おい旨いメシは無いのか」と言うようになった。私は「無いでーす」と軽く受け流す。アメリカ滞在では耳にしなかった要求であった。正直私自身もいくら買付け中であるとはいえ二週間近くにも及ぶ満たされない食生活の日々に、日本に戻る迄の我慢我慢の忍耐もここに至り限界であったのかも知れない。お互いにレストランやパブ等で済ませることを好まないが、ぜいたくなものが食べたいということではない。究極あの炊きたての御飯を望んでいるのである。夫の同行は何かと手がかかり、お役立ちではないけれども二人の方がはるかに楽しかった。不満の原因はわかっていた。好みな食で満たしてあげよう。それは、それ程難しいことではない。

日本に戻るや動き始める。もう止まっているわけにはいかなかった。真剣に食生活の充実に取り組むことになる。日本でクッカーを買い、保存食や調味料を揃え、好みなものをトランクに入れ、また海外に戻る。生鮮は現地調達をすることで食生活の質は大きく向上していった。クッカーでぶ厚い肉迄ジュージューと焼く、ここ迄の進化はこの倶楽部の女くらいであろう。東京で食べる当たり前の食事が、不便な旅先でこうして味わえることの格別さ。芽キャベツ、マッシュルーム、ルッコラ等日本において高嶺の花の野菜たちをいっぱいに食べられる幸せ。旨しい記憶。どんなパブよりも格安でぜいたくな夕食に二人は癒やされた。其の後も夫は自分の仕事の段取りが付けば不満を漏らすことも無く同行してくれるようになっていた。食生活のクオリティアップが、あれこれと解決に大きく貢献してくれていた。二人は笑顔だった。

私は次々に発生する難問を叩き潰していく。いわゆるもぐらたたきを懸命にやりながら平穏に更に上昇気流を見誤らないように上手に乗っていく天才なのかも知れない。しぶとく戦う負けない女は、綻びを見付け出してしまったこの世界に、一層のみがきをかけていく。

ヨーロッパに偏りがちな日々にも見えるけれども、ニューヨークへは、この仕事に入る以前から大好きで二人で訪れていた。しかしここに至っては骨董の情報に基づいて、以前の遊び感覚とは異なり、ギラギラとコレクターの眼差しでマンハッタンを歩く迄に進化を遂げていた。三月と十一月に開催されるハドソンリバーでのピアショー。ドイツの教会で佇んでいた忘れられない身の丈一メートルにも及ぶ大きなマリア像と感動の出会いをする。

　当時は会場から投宿ホテル迄シャトルバスの運行があった。この思い入れ深いマリアは倶楽部のクリスマスカードのモデルとなり、ニューヨークのディーラーから絶賛を浴びる。又マンハッタン55st.のアートセンターには強く引きつけられ

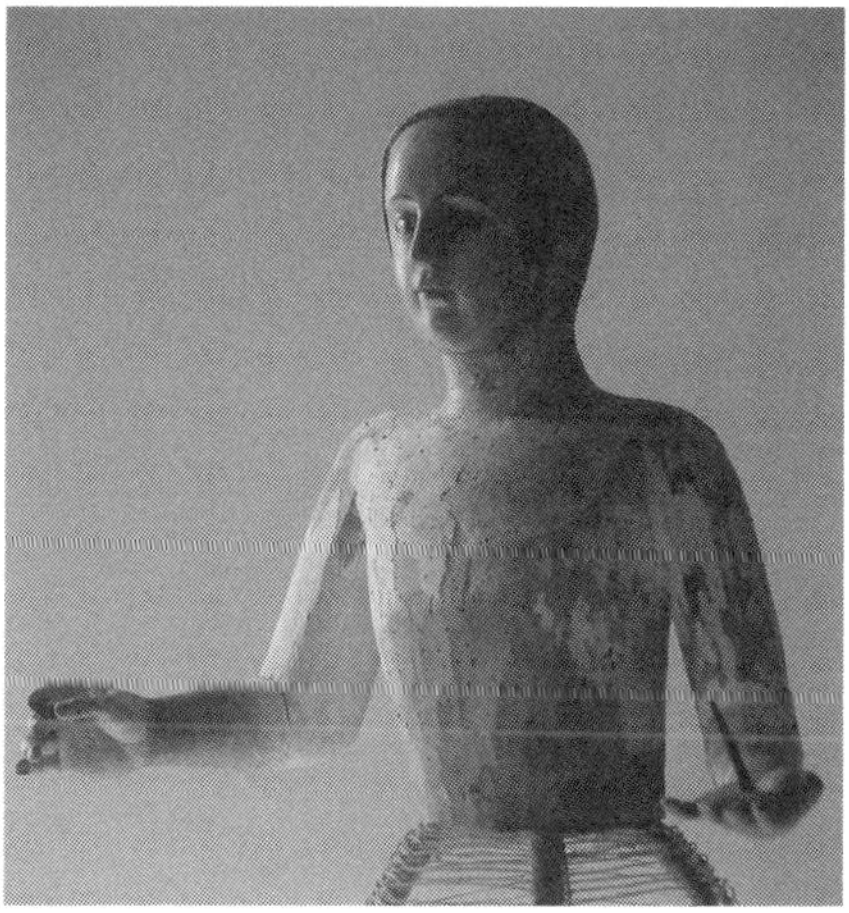

木のマリア像

ていた。二週間にも及ぶヨーロッパ滞在でも出会うことが出来ないような逸品に何故か出会える不思議。脱帽していた。ヨーロッパとは異なるニューヨークの偉大さ。高額といえどもこの出会いを逃す訳にはいかなかった。これ等の出会いは高原の倶楽部のステージのヒロインになる。あきらめない女は計り知れないチャンスに巡り逢える。見知らぬ世界を堂々と歩んでいた。

今回のニューヨークの投宿ホテルでの驚きの出来事。それはロビーでの夫の姪夫妻との偶然の出会いであった。この予期せぬことは私達四人に忘れられない想い出をつくってくれた。

マンハッタンのガレージマーケットでの品定めや、夜にはお祭り騒ぎだったコリアン料理店。多国籍の人々と共に、そのはち切れそうな店内の空気に自然と、溶け込んでいく。満員のお客と共に大騒ぎをする。オイスターバーの美味しさは未だに忘れられない。後年東京丸の内に日本店の情報を聞いて訪ねた。しかし皆で立ち上がって腕を組んで出会いを喜びあって旨いカキを食べたニューヨークの雰囲気には至らなかった。数々の忘れられない思い出をつくってくれたニューヨークでの出会い。日頃の行いがこの幸運をもたらしてくれたと思い込んでいる。ニューヨークはやはり世界から集まった人々が一流を目指して鎬を削る都市であることを実感した。

駆け出しの私にも伝わるこの強い刺激。離れ難い思い、私達二人は翌日の朝の便で日本に戻るスケジュールになっていた。しかし夜にしんしんと雪が降り、早朝窓越しからの積雪を見てフライトはあきらめていた。ところが定刻フライトの情報がエアラインから入る。三月の大雪をかき分けて向かったジョン・F・ケネディ空港はすっかり除雪されていて成田に向けて万全のフライトであった。機内の窓越しに美しい滑走路を見詰めて脱帽していた。移動に不可欠な空港の利用。しかし辛いアクシデントに見舞われた経験は一度も無い。優秀なプロフェッショナルに支えられていた。

ニューヨーク　ラガーディア空港

ジョン・F・ケネディ空港は馴染み深いけれども「ラガーディア空港」、ニューヨーク・クィーンズの北に位置する国内線を専用としているこの空港を私は知らなかった。ニューヨークから北に向かうボストン・コネチカット、あるいはトロント等、骨董催事の情報を耳にして時折利用するようになっていた。ニューヨーカーの通勤便としても利用されているこの空港、どれ程の間隔でフライトしているので有ろうか、地上から上空を見上げると、全く同じ間を空けてビーデット状になって紙飛行機のように飛んでいた。

　初めて搭乗した時には脅えた。搭乗者は小型機の脇に立ち荷物の重量による位置や座席の配置に至る迄、すべてキャビンアテンダントから指示が出された。それは信じ難いチェックで有った。通勤者とは異なりディーラーのトランクは大きくて重い。故にバランスは欠かすことの出来ない重要なチェックポイントなのであろう。ユラユラとこの小型機の軽やかな遙か上空の雲間から、ゆったりとジャンボ機の飛行する姿が見えていた。

　帰路は夕方六時過ぎ。日が暮れかけたリバティ島に凛とした美しい自由の女神。小型機は巨大な女神像の横を大きく傾きながら旋回してキラキラ煌めくニューヨークの夜景の中にすい込まれるようにして、ラガーディア空港に着陸した。最初に抱いていたキャビンアテンダントの指示によるあの脅えもすっかり消えていた。

　私は上空から見るあの美しく暮れなずむニューヨークの夜景に会いたくて夜のラガーディア空港の着陸スケジュールをいつも狙っていた。手がつなげそうな自由の女神にも会いたくて。

空港の冠になった人

かつてのアメリカでは白昼堂々の賭博や、更には禁酒法をかいくぐって酒の密売や、汚職等の組織犯罪の蔓延に手を焼いていた。撲滅することが大きな課題であった。一九三〇年頃特にニューヨークにおいては州全体で、治安が大きく乱れていた。取締りを逃れたカジノ船や、船上での酒の密売組織と河川の上での違法の見張りは更なる困難を極めていた。しかし蔓延撲滅を掲げていた当時のニューヨーク市長が念願のマフィアのボスを逮捕する。押収した山積みの賭博のゲームマシーンを船上からイーストリバーに投げ捨てている映像をかつて見た記憶がある。その人こそニューヨーク州の救世主フィオレロ・ラガーディアであった。空港の冠になっているラガーディアは当時のニューヨーク州民の誇りなのである。

逮捕されたラッキー・ルチアーノと呼ばれていたマフィアのボスはイタリア、シチリアに追放された。この人物は後年映画『ゴッドファーザー』のモデルになったと言われている。多くのマフィアの組織を統合したリーダーといわれていたラッキー・ルチアーノ。再度の抗争をくぐり抜けて生き延びることが出来た男。しかし頬に残る弾痕からは憎しみの深さが伝わる。映画『ゴッドファーザー』では家族を愛したヴィトー・コルレオーネの姿が浮かぶ。一人娘のコニーの結婚式。ヘッドドレスに飾られた長いチュールがラストダンスを踊る父ヴィトー・コルレオーネの肩にかかったまま、もたれかかるようにしがみついて踊る娘コニー。あの父娘の映像画面が何故か私の心を捉えて離さない。限りなく再生して見続けている。ラガーディア空港は一九三九年十二月開業である。

旅路の日常化ベルギー

最初にヨーロッパ買付けを体験させてくれたH嬢から、かつてとんでもなく世話を掛けたこの女に今度はなんとベルギーに行かないかという誘いがあった。パリからベルギーに移動する慣れた行程をゆったりと回ろうという余裕のスケジュールを私は芒んで快諾した。ここに至って私はもう彼女を煩わせていた女ではなくなっていた。

「すっかり成長したわね。教えてェ」と彼女。

「その言い方棘――」と言い返している私。優しさのかけらも無い。

「お荷物だった在りし日とは違うわ。本当にもう教えてあげられそう」とお互い知り尽くした間柄には遠慮というものが無かった。

生意気感溢れるこの関係はかつてT・Y教授の下でガラスのコレクターセミナーで会っていた古くからの関わりで、七年早く生まれている私。相性が良かったのであろうか。時折思い出すかのように逢う間柄になっていた。二人共ある程度の綿密さは似ている。しかし彼女は群を抜いていた。私の方にどこかゆるい部分が有った。几帳面な小さな文字で買付け等に関わる資料をすき間無くビッシリと書いていた彼女。時折その日のスケジュールを聞き返したりすると「さっき言ったでしょ」とご機嫌悪そうに一喝される。「御免。悪かった」と反省モードで答える。

同室での生活はそれなりの忍耐を伴うが、その煩わしさも刺激が有って時折共に暮らすことも悪くはなかった。ホテル経費が半額で済ませられるメリットは大きかった。少々の忍耐で負けずにやり過ごし乗り切っていける。淋しさに見舞われることも無い。二人は遠慮の無い間柄であった。

ブリュッセルセントラル駅から高台の教会に向かう街道は多くの人々が歩んだのであろう。それは丸みを帯びた石畳が物語っている。道中では随所に小さな蚤の市にも出会える。こぢんまりとした穏やかなブリュッセルは世紀を経ても変わることは無いのかも知れない。パレロワイヤルグランパレに向かう小道ですれ違う馬車。遠い東洋からのシーオーバーディーラーは時代の流れさえ見失ってしまい美しい佇まいに同化していた。

ブリュッセル愛に溢れていた。幾度訪れても裏切られない。そして美しい白いタイル。広場に作られた桟敷席は人々で賑わっていた。私達二人はムール貝をオーダーした。大きなずん胴鍋に入った大量のムール貝を一体どのようにして食べるのであろうか。隣に座る老夫婦の様子をチラ見する。私達は顔を見合わせてうなずいた。食べ終えた一つの殻をスプーンとして何気なく使って食べている様子を真似る。

すっかり広場に溶け込んで、大量のムール貝は心配するに及ばずアッという間に食べ終えてしまう。

大好きな仕事に支えられて幸福感に溢れていた。教会の前の骨董市はもう見えている。高まる気持ちを抑え切れずに、思わず早足になる。どんな逸品が私を待っていてくれるのか。小高い丘の上に建つ教会の前のグランサブロン広場の骨董市。出店数も少なく、小さな規模では有るが非常にセレクトされた品揃いで、ここでは訪れる度、嬉しい出会いに恵まれる。

ある浮世絵の入っている鞘の中に混ざる一枚のリトグラフに見入る。それは黒人の幼い少年がパブの店先のテラスの前でアクロバットをして通りすがりの白人を引きつける構図である。アフリカから奴隷としてフランスに来たのか？　わずか20センチメートル程のリトグラフからその少年の目が私の心を拘えた。一世紀以上も昔の光景であるが、今に至っても変わらない差別の構図。少年はどんな生涯を送ったのであろうか。フランスで幸せを見出せていたのか。リトグラフのタイトルは『アクロバット』であった。私の心を締めつけている。哀しさしか伝わらない少年の顔。一枚のリトグラフを厚紙の鞘にはさんでもらい、複雑な気持ちでディーラーの元を去った。

丘を少し下りると喫煙専門店ダビドフがある。店内のシガーの美しさ、この紳士のアイテムに私は憬れていた。ここに訪れるようになったのは、かつて東京のホテルで体験した葉巻きの嗜《たしなみ》方というカルチャーに参加したことに遡る。昼にしてほの暗いホテルバー。数名の参加者はすべて男性であった。香りの異なる二本のシガーが各々に配られた。シガーカッターでの切り方、炎のつけ方、煙のくゆらし方、途中のもみ消しはしない、灰皿

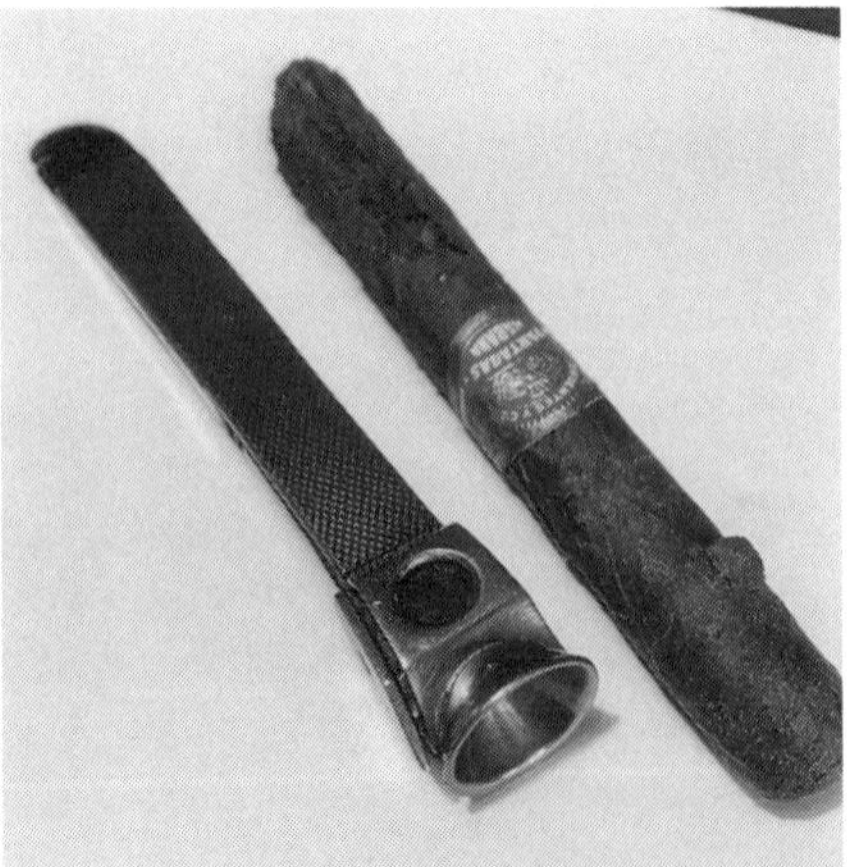
シガーカッター

で自然に消すこと等を学んだ。初めてのシガーの喫煙体験。あの芳醇な香りをまだ覚えている。その時のお酒はモヒートとチョコレート。美しかった。設定は言わずもがな一瞬あのヘミングウェイが浮かぶ。

其の後一人で異なった東京のホテルバーに訪れることもあった。不似合いな女性客が一人。静かな異世界に迷い込む。バーテンダーの戸惑いの視線に気付きつつ、風変わりな女はカウンターに座る。そのバーカウンターの奥深くに座る老紳士のシガーのたしなみをチラ見しながら〝シングルモルト〟等と不慣れな口調でオーダーをする老女がいた。

又フランスメトロで時折見掛けるシガレットを器用に手巻きしている様子に出会えることも今では慣れてきている。これは日本では見掛けることの無い光景。極細に器用に巻いている様子、それはいかにもフランスらしかった。今回もダビドフで数種類のシガーをお土産に買った。当時マネーはベルギーフランであった。軍資金の欠乏で欲しいものが買えずに困り果てていた時に日本円で決済してくれたサブロン広場の人々。いつも短期決戦で挑んでいるこのディーラーの希望に応じてくれていた。単一通貨ユーロになったのは一九九九年である。ルネ・ラリックのあのビッグな重量感のあるプレート。エッジがエイコーンで盛り上げられている。フロステッドと呼ばれる艶消しの技法、シェーヌプレートをゲット出来た。このお気に入りアイテム。それは丘の上の教会からのプレゼント。

最後はH嬢との待ち合わせ。ごひいきなお店、丘の脇にあるル・パン・コティディアンへ。最初に訪れた感動が忘れられない。店内はガラス天井からさんさんと射し込む太陽を浴びて、そのブレッドの食べ方に私は我を忘れて見入っていた。

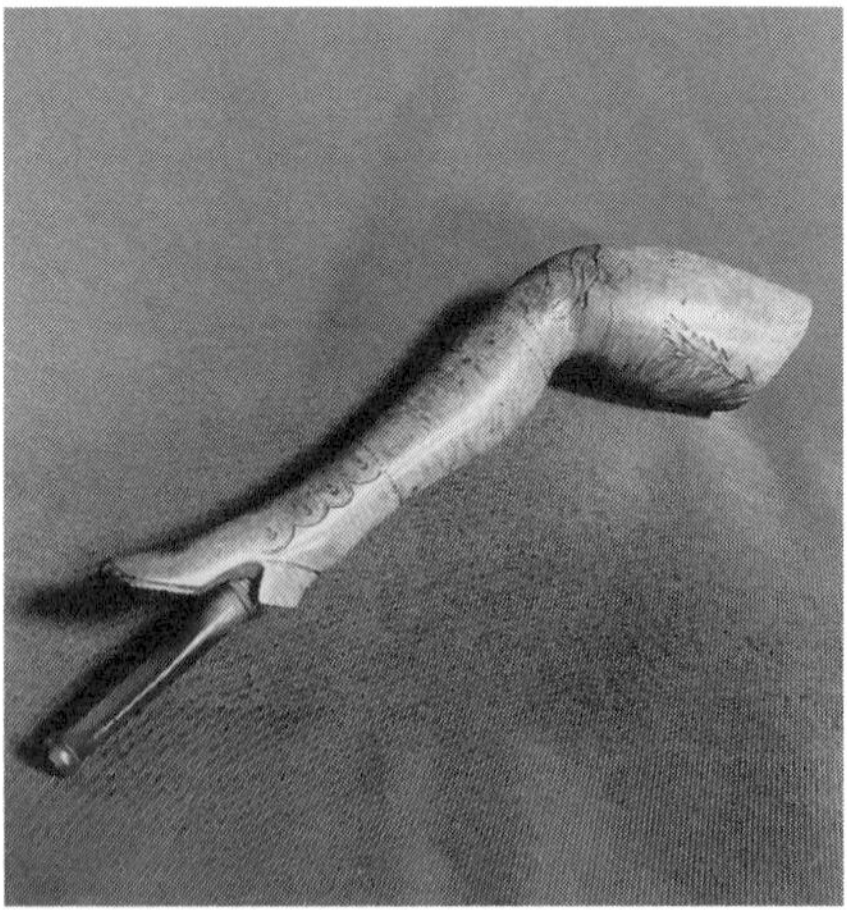

マホガニー足パイプ

各々にまな板状のプレートの上には香ばしいブレッド。横に並ぶジャムや蜂蜜等のしつらえの豊かさ、それはまるで印象派の画家の描くワンシーンのようでも有った。又温室のような室内で食べるガスパチョは最上である。同じ一つの太陽なのにヨーロッパに降り注ぐ日射しはどこか異なって感じられるのは何故だろうか。ヨーロッパコンプレックス。幸せの証。

この頃では常にエアーチケットを予約することが日常化しているような日々となっていた。少々の体調不良を抱えながら、何とかなるだろうと決行に及んでいた。
二〇〇三年一月。ロンドンは大雪で地下鉄は全面ストップ。従業員の出社が出来ずに死の街と化したホテルに二人ポツンといた。
三月。ニューヨーク。この時はイラク問題で飛行機の予約は少ない上にキャンセル続出でガラガラであった
六月。サーズ流行で恐れ渦巻く世相の中成田でマスク姿の二人。ものともせずに

ヒースローに向かう。マスクを外す。

十月。又二人でロンドンに。機内で提供される白ワイン。ドイツのモーゼルに惚れ込んでいた。

しかし買付けをするという仕事は決して忘れてはいなかった。いつもロンドンで出逢うイタリアの女性ディーラーから、あなた達は皆勤賞ねと高い評価を受けていた。振り返ってみると、この頃は与えられたすべての時間を買付けに捧げていた人生であった。

ロンドンに行ったら又大好きなあの人に会えるという期待。しかしその彼女等のブースがこの頃空席になっていることが増えていた。私の大のお気に入りのディーラーSは、状態の素晴らしい、私のお気に入りを揃えていた。私よりはるかに若い彼女にはベストフレンドがいるという情報は入っていた。それは同じ会場の彼女の隣のブースの紳士。スペインに隠れ家を持っているという情報。その噂はたちまち広まった。かつてのアンティーク・フィーバーは数多くの成功者を誕生させたのであろう。噂話は蜜の味。夫はそのベストフレンドの二人を見るといつも揶揄っていじめていた。私はその美しいディーラーSと、視線を合わせてニヤリとしていた。彼女は誰からも愛されていた。安心している私達二人。私が一人の時には決まって、夫を気遣って「あのハズバンドは?」と尋ねる。考えてもいなかったこのような日々の到来。

ヨーロッパデビューして間もない私のボディガードのようについていた夫は人気者だった。ロンドンの人々に、ウェルカムされていた夫は居心地が良かったのであろう。旅路は大好きであった。買付けは激務ではあるが、その魅力に溺れかけていた。積み重ねてきたディーラーとの関わり、それは両者の相性で作り上げられるものである。そして何故かこの私は値下げ交渉の名人といわれる迄に至っていた。

日本のディーラーの間でもその名を馳せていた。ロンドンのディーラーが会場で私を見付けるなりたちまち、ニヤリと目尻を下げて「ああ君かァ。僕はもうこれだよ」と手で首を切るジェスチュアを彼は得意としていた。この私は穏やかに「ソーリー私もこれよ」と同じく笑顔で首に手刀を切り哀願する。この手法効き目は大である。結果は必ず彼が泣く。何でもやる。どこで見付けたのかこの手法。わずか五～六年の歳月での遅咲きの女の進化に一番驚いていたのは私自身であった。売る側と買う側には暗黙のルールが有る。

まだ短い期間ではあるが仕事に携わることで様々な経験を乗り越えてひとときの落ち着きを手に入れた。それは、周りを見詰めるゆとりにもつながっているのかも知れない。いつもロンドンでの買付けで出会い笑顔を交わしているディーラーがニューヨークのピアショーに出展している場面にも遭遇している。あるいはヨーロッパのディーラーが日本のアンティークフェアに出展していること等も日常であった。

あるいは後年私はレベルの異なる段違いなディーラーの光景を目にしてもいた。私が仕事でヨーロッパに訪れるようになった頃は、アジアの人々といわれている業者は日本人が圧倒的であった。しかし十年も経過すると様相に変化が。それは圧倒的かつ強烈なチャイニーズディーラーである。初めて目にする光景。ポケットから帯封のついた札束を机の上にポンと置く手法。無言で「コレヨ」と言う女性の強気な交渉をかたわらで私は見ていた。やがて大声での交渉は周辺を唖然とさせる。オークション会場等でもスクリーン越しに聞こえる激しい中国語。それはまるで映画のワンシーンのようでも有った。

ヒロインは国民性なのか？　あるいは性格のなせる業か。日本人ディーラーは到底追いつけない。顔だけでアジア圏の人々の判別は難しい。しかしヨーロッパのディーラーは言葉を交わさずともわかるという。培ってきた勘が働くのであろうか。それは仕事上重要なことだという。

「日本の人達は大好きだわ」と言われていた頃にはすでにチャイニーズのディーラーに席捲され始めていた。この誇り高い日本人ディーラーは決して負けたくはない気持ちに溢れていたが、時代の流れには抗えなかった。

フェアーの会場では気持ちはいつも張りつめている筈が、一瞬心が空洞化する時もあって馴れた会場であっても必死で逆方向に歩いていたこともある。忘れてしまいたいようないやな思いや、途方にくれるようなことは未だ無いが、しかしロンドンの巨大会場でディーラーの命ともいえる小さな買付けノートを紛失したことがあった。それは致命的ともいえる事柄であった。しかし日本に戻って間もなく国際郵便で送られてきた。更に或る日、やはり大会場で軍資金の入っている大切な袋の置き忘れ。気付いたのは三十分程後で、ブースのお姉さんは大切に保管していてくれた。「マダム気を付けてね」と、この老ディーラーを不安そうにして励ましてくれた。いつも人々の優しさに包まれていた。慣れに潜む大きな落とし穴に気付かせてもくれた。紙一重とも思われる出来事。一瞬青ざめてもいた。

不安な気配

かつては遙か遠くに思われていたヨーロッパも今では日常になっていた。その旅先でも人々の優しさに包まれていた。もはや専業主婦の姿は無かった。ロンドンではミスタージョーというコンシェルジュのいるホテルが常宿となり、今では交渉にもたけてきて、何でも受け入れてくれることに甘えている。

二〇〇六年一月。冬は成果の乏しいことはわかっていても一人ロンドンに行く。更に四月、今度は夫と二人でロンドンに。いつものようにフェアーは私一人で行くことが多かった。夫は気の向くままにロンドン近郊を散策していた。これだけ通い続けているロンドンでは有っても自分の行動以外のことは全くわかっていない私にとって、夫の遊びの話を聞くことは、とても興味深かった。気持ちを紛らわせてくれてもいた。これだけ通っていてもロンドンを知らない。私の行動は大変偏っていた。

日本に戻る前日の午後に、夫がハイドパークに行こうと言う。高原ではいつも秋に紅葉を見せる花の木がここロンドンでは何故か紅葉になっているという。地下鉄セントラルラインから地上に出ると広大なハイドパークが広がっている。沢山有るゲート。西寄りのインバーネス・ゲートから整備された公園に入る。広大で美しく統一されている樹木の中に、昼間夫の見たもの。それは一本だけ異なった木。花の木とも思えるその異様な光景が目に飛びこんできた。元来春に赤芽立ちをする花の木とはいえ晩秋のように赤黒くなってしまった葉を付けていた。樹皮は倶楽部で見慣れているものと変わりは無かった。私達二人はそれでも不思議に思いながらその木をじっと見上げていた。驚きを隠しきれずに何故か不吉な予感も漂う。手入れの行き届いているロンドンの公園。この花の木は一体どうしたのだろうか。五月といえども底冷えのするロンドンの寒さ。納得のいかないまま公園の向かいのホテルの紅茶屋で休憩をする。あつあつの大きな陶器のポットにたっぷりと入った紅茶の何ともいい難いその香り。カップに注いで顔を近づけるとたちまちくもってしまうメガネのレンズ。そのレンズ越しで笑っていた夫の顔。東京では飲むことの無い紅茶。「紅茶はやはりロンドンだな」と言う夫の横で私も大きなマグカップを抱えて体をあたためていた。明日の帰路のエアラインのキャビンクルーの心配りなど、とりとめのない話をしながら二人は腕を組んでホテルに戻った。

東京に戻って二ヵ月にも満たないのに、五月から六月にかけて今度は一人でヨーロッパを目指す計画を組んでいた。しかし夫は私がその留守の折に一人故郷の大分に一週間程の滞在計画を立てていた。

「私も一緒に行きたい」と買付けの計画をキャンセルして夫との同行を強く主張したけれども、夫は何故か一人での帰省に強く拘っていた。再三に亘る私の希望を受け入れてもらえずに、二人揃っての帰省には至らなかった。こんなことになってしまう原因が何かあるのだろうか。その時ドクター迄も「大丈夫だよ一人で」と何故か夫の肩を持つ。

女系家族で育ってきた私と夫は真逆の環境であった。夫の家に行くことは気楽に私の実家に行く気持ちとは異なっていた。それはどこかよそゆきであり、ずーっとお客様扱いであった。一朝一夕にはなかなかなじめない。

夫が大好きな大分の田舎。製材所の前には事務所があって二階には五十帖にも及ぶ宴会用の座敷があった。私達遠来の息子夫婦が帰省した折には、その片隅にチョコンと寝かされていた。座敷の左右には対称に大きな階段がつけられていて、階下は、義母と弟たちの生活スペースであった。並んでいるかまどを見て驚いた。又初めて目にする大きな五右衛門風呂、焚き口に山積みにされた木片を見て更に驚いた。

夜になれば兄弟は各々の母屋に帰っていく。この四男の嫁はこの大家族の気風になかなかなじめなかった。一族の一員になることは難しい。私の育ってきた普通とは、あまりにもかけ離れていた。それにしても夫のこの主張は一体何故だろう。

この時私は夫の体の異変には全く気付いていなかった。こんな不安な気持ちを抱いて一人パリなんかに行きたくないと反抗しつつも、夫との同行には至らなかった。結局夫は大分に、私は仕方なくパリに向かうスケジュールを一人。いつもとは異なったどこか不安に覆われた旅路のスタートとなった。

気がかりなことが心の中に居座っている折に、パリのど真ん中で不思議な出会いに遭遇する。かつてニューヨークのホテルのロビーで夫の姪夫婦との驚きの出会いがあったが、今度は夫の甥夫婦とパリで。この不思議な出来事の裏側に何か隠されているのであろうか。オペラ座近く、そこは日本のエアラインの指定する旅行業者のオフィスがあり、夜のムーランルージュ、観光の集合場所で、よく日本の人々を見掛けるエリアであった。それは私がよく行く宿からも近い最寄りのデパートへ、美味しそうな夕食を買いに出掛けた折での一瞬の出会いであった。高原に別荘を建てることを強く勧めてくれたのは彼等のお母さんであった。

「今回は一人？」と聞かれて、

「そうあのお気軽な夫は大分ョ」と笑いながら何気なく気軽に受け答えをしていた。それにしても信じ難いこの出会いは夫への素晴らしい土産話になるであろうと思いながら、かつて私達二人も胸躍らせて訪れたモンマルトルの、あのムーランルージュ。「赤い風車のネオン輝く世界をエンジョイしてきてね」と言葉を交わして別れた。

二人で訪れた不安の無かった頃のことが甦ってきて、私の心の中はぼんやりとしていた。大分に一人帰っている夫のことを、この私の不安な気持ちを、何故、甥夫婦に正直に伝えられなかったのか。心の片隅に更なる心配の種がふくらんでいく。大分は彼等のルーツである。今の私のとりとめの無い不安を甥夫婦に素直に話せていたら、少し気持ちも楽になっていたかも知れないと自分を責めていた。甥夫婦はきっとパリを楽しんでいる。私は夕食用に買い揃えた大好きな筈のカバノスもそしてお酒も気持ちの外であった。夫の様子だけが気がかりになってしまっていた。夫の田舎の風景が目の前をちらつく。明日は早朝から蚤の市がある。私の心の中に住みついてしまっている悪魔。もう今日は寝よう。

しかしベッドに入っても驚きの出会いや、気掛かりな夫の体の様子等を考え始めると体は疲れているのに覚醒してしまう。夫と最も身近にいる私がその変化に気付かない訳はない筈と、否定しながら、なかなか寝付けない夜。

更に眠気が遠のいていきそうな折、不安な気持ちを抱いたままでの夜は危険である。今日モールで出会った物たちが救済か。目の前にちらつく。フランスの貴族の子弟の華やかな社交界デビュー。何故か今日は、それに関わると思われるものを色々とゲットすることが出来ていた。仕事に逃げることしか方法が無い淋しい女。

ダンスの順番を記入する細い小さなペンシル付きのビロードの手帳。細いシルバーでふち取られている。更に極細の銀線で編まれている小さなお財布。留め金には、お洒落な花柄等が彫り込まれている。又お嫁入り道具の一つだったというお針セット。今回は美しいトートシェル（べっ甲）のキャビネットの中にきれいに区分けされた仕切りに、ハサミやシンプル（指抜き）や針等すべてシルバーで出来ている華麗なものであった。以前ゴールドのものを手に入れたこともある多様なもの。この小さなお針箱は様々なスタイルのものが有り、親はいとめをつけずに贅をこらした。しかし未使用なものが多いという。お嬢様はお針仕事等はしなかったのかも知れない。時として辛い事柄が容赦無く襲いかかる日々のなかで貴族の令嬢はどんな生涯を送ったのであろうか等、案の定眠気は更に遠のいていく。それにしても日本ははるか遠い。ただただ色々な事柄が頭の中をグルグルと四方八方にかけ回っている。心の中に居座っている大きな不安。

ワインカラー手帳

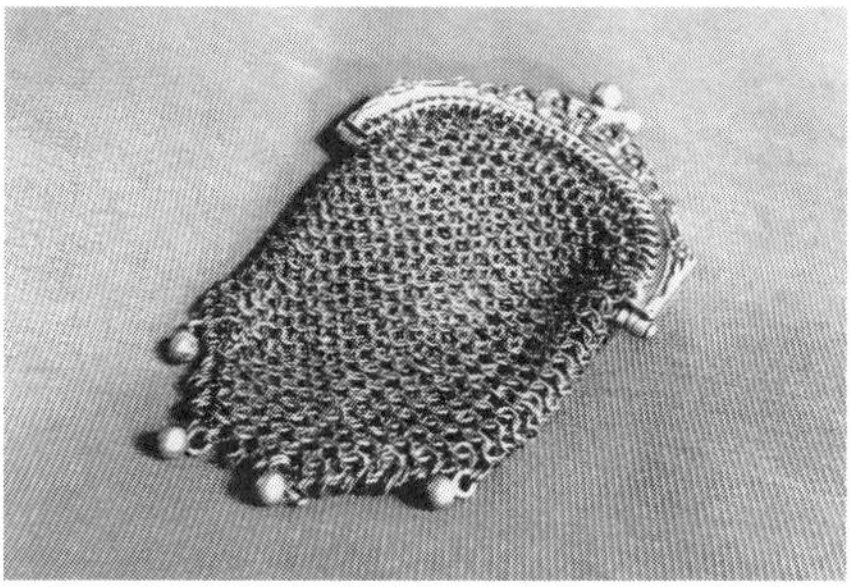

銀線サイフ

お針セットボックス

朝食もそこそこに蚤の市に行く。この頃ディーラーは店開きが遅い。準備がそこそこ終わりそうなところから見て回る。今日の午後は知人からクリニャンクールへの案内を頼まれている。午前中の仕事は早々に済ませる必要があった。

早速目に留まった一枚のリトグラフ『月光の丘を越えて』という普仏戦争で敗退するフランス兵。一人の負傷兵を粗末なコモに乗せて四～五人の兵士が月照りの丘を越えている構図である。特徴のある当時のフランス兵の帽子をかぶっている。サインも一人の兵士の顔がクローズアップされている。ラ・マルセイエーズが聞こえてきそうな愛国の一枚。この戦場の兵士の愛に心奪われて私は迷わずに買った。彩色の無い紙ものが大好きである。辛いテーマ。しかし心に突き刺さるリトグラフがひととき私を救う。その他買付けた細かいものを手に持って、急いで駅でカルネ券を買いホテルに向かった。しかし地下鉄に乗って暫くして、買付けた筈の袋を手に持っていないことに気付く。あわてて駅にもどると、何と袋に入ったままでダメージもなく手許に戻ってくれた。幸運に恵まれた。ホテルにその荷物を置いて昼食もそこそこにクリニャンクールに向かう。やはり私はどうかしている。しかし午後の約束の時間迄には間に合わせることが出来た。

夫もよく知っている経済学者のM氏夫妻とその友人。ドイツでの仕事を終えて三日間程のパリ滞在。週末はクリニャンクールが開いている。入口のマルシェ前で会いましょうという約束であった。午前中の失敗による心身の疲労。そしてこの雑踏。本当に会えるのであろうかと不安に覆われていたその時、目の前に笑顔の三人が現れた。

「ああ良かった。お久し振り」と言葉を交しながら、カフェでの休憩もそこそこに簡単に見て回る順序等を説明して、五時にマルシェ前で再会することで各々に散った。M氏夫妻はこの短い時間で素晴らしい吊り照明に出会い幸運をつかんだ。京都在住のお二人は倶楽部のお客様でもあった。帰りはルーブルに近い私の常宿迄タクシーで送ってくれた。「ありがとう」という優しい言葉に、少しでもお役に立ってあげられた安心感か、私は涙が溢れた。彼等には私の涙の意図を知るよしもなかった。

大分に帰省している夫への不安が心の片隅に居座っている。同行が叶わない無念さ。落ち着こう。大好きなことは、きっと私の心を癒やしてくれる等、逃げ道を懸命に探している。このパリ滞在は暇が出来ないように心掛けていた。今の私には、ぼんやりする時間の無いことが重要であった。せっかくのパリ滞在を楽しもう。大好きなオルセー美術館に又行こう。常宿からルーブル美術館を通り、ロワイヤル橋を渡って行く道は数え切れない程通っている。海のように波立って流れるセーヌ河。時折遊覧船も見掛ける。私はここに佇むことが大好きであった。橋の中程でシテ島の方を見る。美しいカルーセル橋。そしてポン・ヌフ橋とまるでジオラマのようなパリの風景は縮んだ私の心を、ひととき穏やかにしてくれる。

橋を渡って対岸のルーブル美術館や、オランジュリー美術館を確かめるかのようにただふらふらとオルセー美術館に歩を進める。ただショップあたりで時間を費やしながら、間も無く日本に戻ることが出来る等と考えて、明らかに集中を欠いていた。いつもの買付け時のように、流れるような時間を過ごしていないこと、行動が途切れがちで思いつきで動いている自分の姿に気付いていた。

翌日は急に思いついたかのようにパリのギュスターヴ・モロー美術館を訪れる。呼び寄せられたのかも知れない。没頭出来そうなひとときを探していた。パリ、セーヌ川右岸メトロトリニテ駅。ラ・ロシュフーコー街、十九世紀の石畳の中に静かな姿で建つ四階建ての洋館。入り口にはフランスの三色旗がはためいている。今の私の気持ちに寄り添ってくれる。何故か時折訪れたくなる美術館である。

音楽家であった母親は彼の支えでも有ったという。引き籠もりつつも美大の教授にもなっていた彼は信じ難くもあるが、何と恋人も。野次馬で興味本位な私の知識。それにしてもワクワクしてしまうのは何故だろうか。モローの出世作である『出現』は五十才頃の油彩画で、預言者の首が空中に浮かび上がり、ファムファタルなサロメをとがめている。心の中に潜んでいる悪魔。今日ここに訪れる選択をした私を穏やかにしてくれているのか。訪れる度に見入ってその世界に引き込まれてしまう。見る人は強烈に心に張り付いて離れないその姿のとりこになる。

館内は静けさに包まれている。同様の水彩画がルーブル美術館にある。青年時代から晩年迄過ごしたこの家は没後世界初の、国立の個人美術館となった。ロダン美術館もそれに追随する。洗面所等随所に貼られたタイルは美しく一世紀前の空気が色濃く漂いモローのこだわりが伝わってくる。ひととき今の私の苦悩を忘れさせてくれた。何故か入館者で混雑しているということはなく、モローの世界に浸ることが出来る。

こんな私になっているのは夫の突然の行動に責任があると責めている。明日はいよいよ日本に戻れる日。楽しかったこと、辛いこと、土産話を持って成田に向かう。

今回のヨーロッパ滞在は夫の様子がただただ気がかりで私の心は不安定であった。しかし箱崎に出迎えに来てくれていた夫はそんな私の不安をよそに笑顔で元気そうであった。すべて私の取り越し苦労であったかも知れないと改めて夫の顔を見る。買付けの荷物を下ろし、食卓に並ぶ夫の手作りメニュー。大分土産のうるめの丸干しなるものを旨味醤油漬けにしたものは絶品であった。更にほうれん草のおひたしまで。二人揃っての夕食は久し振りであった。そして夫がこのように何かをつくって待っている等という体験は初めてのことであった。

笑顔でありながら何故か心の中で泣いていたような記憶がある。夫は嬉しそうに皆と会えた様子や温泉三昧のこと等を話してくれた。結婚以来夫が一人で故郷に帰るということは、初めてのことであった。一人輪の中に入れなかった私の心の奥に、何か計り知れない不安が漂っていた。どこか落ち着かない心を拭い去れないなかで、舅夫婦との出会いやヨーロッパでの出来事を、とめどなく話し続けた。この二人の日々に大きな変化が訪れること等全く有り得ないと考えている女である。前日のクリニャンクールで会っていたM氏からも「ダンナはんは元気ですか？」と変わらない気遣いに「ありがとう元気よ」と言葉を交わしていた。私達二人は比翼の鳥といわれていた。

夫の死

夫を案じながら危惧を抱きつつ買付けた品々を車に積んで二人で高原に向かう。夫は元気にハンドルを握り、大分の土産話を再びしながら笑顔で、変わった様子は無かった。内向きに考えてしまう私を責めていた。

ディスプレイはいつものことながら努力が報われて喜びが溢れる。しかし買付けの成果は上々で有っても、言いようの無いこの不安は私の心に居座り続けている。倶楽部のガラス戸越しから夫は空一杯の花の木の新緑を見上げていた。カエデ科である花の木は葉の形は一緒であるが大変小さく、可愛らしく優しさが溢れていた。六月末に控えた病院の定期検査の為早々に世田谷に戻った。私は頑健に見える夫の姿から体の変化には全く気付いていなかった。

主治医との出会いは夫が三十代後半に遡る。肝機能障害の専門医で、細かな制約を出さないドクターと、出されても余り守らない患者との関係が長きに亘り続いていた。更に夫の仕事の金融との関わりもあって、二人の詳しい様子が耳に入ることは無かった。私が知ってしまったら大変なことになることを二人は知っていた。

しかし一週間程後に出た検査結果に茫然自失。ドクターの説明をどのように受け止めていたのかその時の記憶が無い。想い出すことをためらっている。

直ちに入院、余命三ヵ月という現実を受け止める心の準備が私は出来ていなかった。私は主治医の宣告を否定するかのように、この頑健に見える男がその道に進む筈はない、と。私が何とかしてあげられるという根拠の無い闘争心が、壊れている心を支えていた。四十年にも及ぶ永きに亘る主治医との関係、今こうしてふり返って思うにドクターと夫は状況の話し合いを重ねていたのであろう。思い当たるふしが沢山ある。知らなかったのは私だけ。私は心の平常を失っていた。ただただドクターの指示に従う以外道は無かった。

孤立している淋しさ。藁をもつかむ思いで、私は夫の親友のT氏に現状をつぶさに話す。弁護士の彼は夫より七才歳上で大学の同級生であった。当時は戦争の関係で年齢差のある同級生はかなり一般的でめずらしいことではなかった。T氏はただただ驚いて、暫く絶句していた。

現在に至る迄の夫の日々の中で、仕事上でも様々な相談をしていた頼れる兄貴的存在の彼は、全く思ってもいなかった、公正証書の作成を私に強く勧めた。あれよあれよとその道に進む展開。しかし入院中の夫に私はどうしても話を切り出せないことを伝えた。「とても言えない」と。

「あんなにいい奴が惜しいョ」と声をつまらせながら、彼は「大丈夫僕が話すョ」と私の顔を見て瀬戸際に立たされていた私を安心させてくれた。彼はすでに八十才を越えていたが、真夏の暑い中、私の為に尽力してくれた。夫も協力的で病院内で公正証書の作成は完了した。粛々と進む準備。しかし私だけ心はその渦中にはいなかった。

退院したらお祝いに歌劇「トゥーランドット」のチケットを二枚購入するという夢を見ていた。完全治癒には至らない迄も、二人家で日々が送れることを疑っていなかった。笑顔の夫の手。それはやわらかくきれいだった。病院での三人の談笑は続いた。すべての人々の人生は、このようにシナリオの無い運命に支配されているものなのか。

そして九月末。夢にまで見ていた夫の退院。精一杯のお洒落。それは私が望んでいたこと。アイボリーの麻のダブルのブレザーに、同色の麻帽体の中折帽をかぶって堂々の退院であったが、歌劇場に行くことは叶わなかった。頑健に見える夫。私の方が小さく弱々しかった。

自宅での療養ということで二回程家の周りを少し歩いて、三週間後には永遠の別れとなった。

十月も末に近い紅葉の頃。それはアッという間の出来事であった。最も身近にいる私にとっても死は予期せぬままに「どこも何ともないんだ。ただ息をすることだけが苦しいんだよ」と訴えていた夫はその数時間後には亡くなった。いつもその時の様子を思い返すことから私は逃げている。この先どのようにして夫は葬られていくのであろうかと大きな不安だけが心を覆い泣き虫な女は正気でいた。

ハンドルを握り家に帰り、取り急ぎ必要なものを持って病院に戻ると院内の霊安室の中に飾られた祭壇の中央に横たわっている夫を見て、この時初めて死を実感した。この現実を目の前にして張りつめていた心の糸がパッと切れた。

「もう息をしなくていいのよ。苦しくないのよね」と話しかけた。穏やかに聞いていた。主治医等スタッフに見守られながら私は手の施しようの無い女になっていた。通夜の営まれる寺に私は夫を追いかけた。

まだ静かな寺の一室に納棺前の夫の横に座り、ジーッと顔を見詰める。私は世界一淋しい女になってしまった。今となっては五月一人での故郷への帰省は人々との惜別の旅であったのか。その時私は同行出来ないことを悔やんでいた。しかし辛い想い出が沢山残らなくて良かったと語りかける私を、夫は黙ってきいていた。大分からの遠来の通夜の客は口々に五月の夫との想い出を懐かしそうに語り合っていた。故郷での夫は人気者なのである。彼等はついこの前の元気だった夫と共に過ごした楽しかった想いをいだいたままでの再会であった。

こんなにも簡単に、私は本当に一人ぼっちになってしまった。手が付けられない傷心の女がそこにいた。
　夫を亡くしてしまった私はもう普通では無くなっていた。ぼんやりとして毎日の日々の過ごし方がわからない。心身の劣化は日増しに加速して、生活に不可欠であったハンドルを握ることも出来ず、高原の別荘に行くこと等も叶わず自分自身に手を焼く日々であった。外の賑やかさに怯えてただただ家に閉じこもっていた。

　かつて未だ入院していた頃の夫が院内のケースワーカーに希望していた一番の事柄は、別荘の花の木を見たいということであった。夫が入院中の夏は暑く日々病院通いの中で、別荘に夫が戻れた時の為に一人倶楽部に向かった。そこにはさわやかな風が吹いて沢山の葉を付けた木々はユサユサと揺れて、東京のむし暑さは無く大きな木陰をつくって私を迎えてくれた。「必ず連れて戻ってくるわね」という約束を私は叶えてあげることが出来なかった。家族に起きている大きな変化を花の木はきっと気付いているという思いで、一人で花の木と会うことを私はためらっていた。

しかし、このまま倶楽部に訪れないで冬を迎えることは更なる辛さにもつながる。

亡くなって間もなく晩秋の頃の落葉を見せてあげたくて遺影と共に高原に行く。助手席に夫がいなくなってしまった車のハンドルを、私はもう握ることは出来なくなっていた。

カエデ科の小さな葉型をした花の木の美しい色どりの落葉は厚い絨毯を敷き詰めたようにふわふわとしてまだ艶やかであった。この季節の木々の様子が大好きであった夫は笑顔をたたえていた。冬支度を始めた大木を見上げると、この高原に来た頃の、根切りをされて弱々しかった木々に存分に手をかけてあげていた夫の姿が思い出されて涙が溢れた。初冬の木々は枝をゆらしながら遺影を見詰めていた。慈しんでくれた夫に精一杯の恩返しをしていた。この堂々な花の木は変わり果てた夫を自分の落葉で包み込んであげていた。落葉で埋もれていた笑顔の夫。木々は夫と一体であった。私は沢山の落葉を世田谷に持ち帰り、遺影の周りに敷き詰めてあげた。弔問に訪れた人々も無言で美しい落葉を見詰めていた。しかし心の中に居座っている無念な思いは消え去らない。私は普通に日々が送れなくなっていた。

そんな折に三ヵ月に一度ロンドンから送られてくるアンティークカレンダーが届く。それには二百ページにも及ぶ毎日の骨董の開催スケジュールが掲載されている。そうだロンドンに行こう。きっと救われる。あのザワザワとしたフェアーの風景が浮かんでくる。何とかなると信じていた。フェアーは隔月開催のものから、月一回のもの、週末のみや曜日限定、あるいは年に一回の特別な催事まである。幾度も同じところを訪れているので不安はない。そこで私はきっと自分自身を取り戻せる筈である。大丈夫、やっていける。急に積極的な気持ちが湧き上がる。逃避にも似た気持ちでスケジュールを組み始める。

ロンドンに逃避

亡くなってまだ三ヵ月にも満たない時のロンドンへの逃避。しかしこの浅はかな決断には全く救われなかった。それどころかその無謀な行動は傷口を更に深くした。ロンドンのキングクロス駅から、いつものあの巨大フェアーに行ってもかつてのような高揚した眼差しは全く無かった。この愚かな結果は最初から読めていた筈である。ただただ広い会場をぼんやりと歩きながら流れる涙をふいて、仕事とは程遠かった。日本から来ているディーラーの人々とも会わないように怯えていた。ひっそりと片隅を歩いていた。

数限りなく訪れていた大英博物館。いつも迷うことなく№67ルーム。ギリシャ・ローマのディスプレイに直行の筈。私は感情が空洞化してオロオロとしていた。大好きな絵葉書きを大量に買っていたショップルームも見ることも無く長椅子にぼんやりと座っていた。考えられないことであった。何をどうするのか見失っていた。

金曜日はスーパーフライデーで夜遅く迄様々なアトラクションがあり賑わいを目指して人々は集まっていた。この日はアラベスクコーナーがあり更に世界のビールパブのお祭り等で、いつもであれば飲みながら見知らぬ世界の人々とグラスを合わせて幸せを分かちあっていた。しかし今は群衆に混じって一人ぼんやりとしている女がそこにいた。

翌日には又大好きなディーラーSが出展しているノッティングヒルのマーケット。もう哀しいので会わずに帰るつもりでいた。しかし引き寄せられるように会いたくてつい足が向く。「ハズバンドは？」と聞かれて精一杯の笑顔で「東京ョ」と答えた。ベストフレンドのムッシュは笑顔で頬にキスをしてくれた。何も知らない二人。辛さがこみ上げて亡くなってしまったことは言えなかった。路地裏にかくれて思い切り泣いた。救いようの無い孤独感で更に涙が溢れた。この残酷な迄の姿に一体誰がしたのか。まだ亡くなって三ヵ月の日々、程遠い立ち直りの気配。

人は別れや死ということを心の片隅に少なからず抱いて生きているので有ろうか。しかし私はそのような懸念を抱きながら日々を送っていた記憶が全く無い。この襲いかかった現実で、初めて苦悩を知り混乱を続けているのである。この愚かな行動を責め続けていた。淋しさが波のように襲う。ロンドンに来た決断は間違っていた。この喪失感は素直には去っていってくれない予感。私の強情さが、立直りをはばんでいる。大切な人に去られてしまうということはこんなにも心が崩れてしまうもの。愚かさを責めていた。もうロンドンにいることさえ限界で、早く東京に帰りたいと叫んでいた。期待を抱いて選んだ筈のこの計画は余りにも無謀であった。成田に戻るヒースロー空港での出国手続きも様々な思い出がよぎる。さらに崩れていく心。この日は夫の七十六才の誕生日であった。

無事に日本の土を踏んでホッとして、安心の二、三日を過ごし、すべて手荷物で持ち帰ったパッキンを解く。買付けた品々は驚く程少ないが、沈みがちな心の中、それでもディーラー魂が見てとれる品々。今回の倶楽部の顔となる逸品。私が初めてのイギリス買付け時から心奪われていた革カバン専門ディーラーで、今では顔馴染みとなっているムッシュ。この日本のディーラーをどんな時でも助けてくれていた。しかし何故か彼には涙は見せなかったという強い記憶。どんな意識が働いていたのか、未だにその時の心を計りかねている。それは一瞬、本気で仕事と向き合っていたのか？

かつてヨーロッパ・ブルジョア一族の長期の旅で使われていた革の箪笥をはじめとして、巨大なキャビネットや、トランク、バッグに至る迄、すべてがルイ・ヴィトンである。時折高級乗用車等もディスプレイしているトップディーラーを私は憬れの眼差しで見ていた。

そのようなアイテムの中に、かたわらで上質な革で手仕事によるトランク等目を見張るもので溢れていた。例えばマップバッグ、リキュールバッグ、ガンバッグ、ハットバッグ、更には丸型の可愛いらしい衿箱や、時には上質なクロコダイルのトランク等も有る。何でもカバンにしまい込む国民性であったのか。又各々のスポーツ用にキャンバス地を革のようにコーティングしたトランク類にも私は釘付けになっている。インテリアとしても非常に美しかった。革を着せたリキュールボトルや、ヒップボーンスキットルの小物等は大好きであった。ムッシュの扱う商品は、すべてベストコンディションでありこの素人の私がメンテナンスをする必要はなかった。どれもこれも倶楽部のアイテムそのものであり、必ず日本に持ち帰る勝れ物に、私は助けられていた。「今回はロンドンに来ているの」と日本のディーラーに尋ねている程に私を待ってくれているムッシュ。亡くなって三ヵ月の買付けで唯一の成果であった。

それはかつては考えられないことである。親しさは自然に紡がれていた。革の類いは高原の倶楽部のベストイメージとなって私を助けてくれた。この私を愛してくれる人がいるからロンドンに行く。今の私は、辛い人生に見舞われていても、この仕事を辞めてしまいたいという思いを未だ抱いていない。その細い糸にしがみ付いている。

たとえ切れそうに細い糸であっても捨てないという挑戦のカードが私を支えている。失うこと、それは人間を止めてしまうことにつながる。

再度ロンドンに逃避

前回のロンドンの辛さは体に沁みついている。又その孤独な日々を目指そうとしているのか。よくわかっていても何故か、東京を離れることで救われていくストーリーが浮かび上がり思わず私をかり立てるのは何故か？　きっと何とかなる。私は激変して日本に戻れる。この一人での危うい決断を貫いている。

ロンドンの朝。そうだ、大好きな美術館に行こう。テムズ川沿いの地下鉄テンプル駅から歩いてすぐ、数回訪れている後期印象派の絵画が多いサミュエル・コートールド美術館。ロンドン大学キングスカレッジの一部としてオープンした館内からは豊かな生活が伝わってくる。

ゆったりとした部屋に飾られた一枚の絵、私が囚われているのはエドゥアール・マネの油彩画『フォリー・ベルジェールのバー』。一三〇×九〇センチメートルのサイズの絵のみ飾られた大壁の前に私は引き寄せられている。描かれているのはバーカフェ・コンセール劇場。バーで働くバーメイド、スイゾンという少女は女給であった。酒と共に女も売る。美しいことは必須条件である。この可憐な表情の女性も取引きが成立すれば男性の相手もしたのではないかという。スイゾンの後ろに描かれたバルコニーの中は高級娼婦や、有名女優と、マネのお気に入りを描いている。それは上流階級の男のぜいたく品でもあった。

あらゆる階層の人々が出入りして、食べて飲んで娯楽をして、お互いに見たり見られたりの世界。人々は極めて単純に快楽に浸っていた。タバコの煙。ざわめきや嬌声が漂う中、物憂げなスイゾンの表情から不思議な静けさが画面を包んでいる。中心のカウンターの前に佇むバーメイドが身に付けているベルベットの黒いリボンに下げられたチョーカー。フレンチレースで飾られた洋服の胸元に付けられた華やかなコサージュに、メタリックな腕輪。そして置かれている硝子のコンポート等、私は一世紀前のトレンドをじっと見詰めていた。

いつも入館者はほとんどいない。絵の前に置かれたアンティークのベンチ（長椅子）に私は一人座り溶け込んでいた。又別室に飾られているルノアール。私は今に至っても変わらない物語を追いかけていた。

シティボーイであったエドゥアール・マネは女性の数には枚挙にいとまがない。若いマネは風雲児であり、問題作を公表してセンセーションを巻き起こし、スキャンダラスな中傷にさらされてもいた。同年代のドガとはしばしば衝突していたという。自己主張の強かったドガは、マネとは異なり女性に臆病であったという。

当時フランスで巻き起こっていた美術革命（モデルニテ）。オルセー美術館のメインテーマでもあるこの言葉の意味するものを、彼はさぐり続けていたのか。発表するや批判にさらされ、賛否の嵐を巻き起こしていた。軟派でもあると同時に硬派でもあり、常に世俗的な成功を求めながら芸術家としての誇りも人一倍強かった。受難の果てに生み出された最後の大作『フォリー・ベルジェールのバー』。苦労の末につかんだ成功にも見えるが体はすでに病にむしばまれていた。画家としての出発が遅かったこともあって活動期間はわずか二十数年に過ぎず五十一才の生涯であった。

この絵は人気者故に、世界の様々なミュージアムに旅をする。絵がはずされた白壁には旅先のミュージアムの名前を記載した紙が貼られている。他の絵は飾らない。しかし数ヵ月してある時『草上の昼食』がディスプレイされていた。それはミュージアムのプライド。この白い大壁は犯し難いマネ専用であることを理解した。

今日はこのマネとの対話。私の苦しみの日々の中に舞い下りた幸運の女神。絵の中の、人生をまとった人々の姿に会いたくてこうして訪れ続けている。以前私はオペラ・ガルニエからプロバンス通りをテクテク歩いてフォリー・ベルジェールの館の前に佇んだことがある。真昼ネオンサインの無い、一世紀も経過したカフェ・コンセールから、かつて繰り広げられた面影は見出せなかった記憶が残っている。その華やかなる時代の記録を選んでいた、サミュエル・コートールド氏。ロンドンで大成功を収めたフランスからの移民であった。故郷の画家の絵を自室に飾っていたという。

ありがとう。一生懸命に生きていた人々への感謝。私は大好きな美術館を後にして地下鉄の駅に向かう。このテムズ河沿いのテンプル駅はピアから観光船も出ていて賑やかな笑い声もこぼれていた。ただ一人ぼんやりと河の流れを追いながら、川沿いの堤防の横手に置かれたベンチに座り、昨晩作った梅干しの入ったおにぎりをそれでも旨しく食べた思い出。買付けでこのような時間を過ごした経験は無かった。

遠く離れたロンドンで一人佇んでいる不安な自分を見詰めたりすること。それはもはや危険な信号である。美術館ではあんなに生き生きとしていたのに、二度目のロンドン逃避、早くも気持ちが折れ始めているのか。一人になって変わってしまった心を、無理矢理、四角い箱に入れようとしている。

其の後ホテルに戻る筈がとんでもない行動を取ってもいた。何故か全く知らないフルハムブロードウェイという地下鉄の駅で下車。両ホームから出口一杯に埋めつくされた人の波、寸分の隙間もなく、動けなくなっている。騎馬隊が吹き続けるホイッスルの音の中に紛れこんでしまう。波打っている人、将棋倒し、ここはどこなのか一体何が起きているのか、狂乱は治まらない。崩れそうになりながら馬の脚にもたれかかるようにへばり付いて一命を取り止めた。

何故ここに紛れ込んでしまったのか。この恐ろしい体験、まるで夢遊病者のように何も考えず波の中に入っていった。自分自身を見失っていたこの行動を、私は懸命に立て直す。何故か私は未だ大丈夫、大丈夫とつぶやいていた記憶。狂乱から逃れてぼんやりしていた。ケガ人の情報等も後で知る。そこはチェルシーFCのスタンフォードブリッジ・スタジアムであった。避けられない日常の崩壊。

東京での生活にしても、まともに送れていない。高原の倶楽部にしても、又泣いている、と言われ使いものにならない女に近い。いくら慣れているロンドンであるとはいえ、破壊している心を責める訳にはいかない。変わってしまった心に寄り添い、今のありのままの姿で生きていく。皆きっとそのように日々を重ねてきたに違いない。その簡単にも思える事柄を受け入れることが出来ずに苦しんでいる。人生には私の考えも及ばない出口の見えない暗闇がある。

注意力が散漫になっているのであろう。訪れたフェアーの会場ではかつての気迫は見られなかった。ただただトボトボと歩いていた。しかしエスペラント語を編み出したメガネを掛けたザメンホフの重量感のあるテラコッタの胸像が目に飛び込んでくる。眼科医であったラザーロ・ルドヴィコ・ザメンホフ。一八五九年ユダヤ系ポーランド人として生まれ、武器では地球を救えないと三十才を前にして人類の平和を目指して世界語を完成させた人。少しばかり消えずに残るディーラーの炎。重要な制作者とモデル名の刻印を確認する。これは日本のファンを思い起こさせてくれた。私は美しい貴族の胸像等は決して買うことは無かった。お針子のような淋しそうな女性や、あるいはやんちゃな少女のマーブル像を好んだ。亡くなってまだ半年、傷心のロンドンには山桜が咲いていた。

いつも隣にいた人がいなくなった。だからといって苦しんでいる自分に手をやき続けることはよそう。辛さとの同居を受け入れていく気持ちを抱いていけないものだろうか。人々からかつてかけられた言葉で辛く心に残っていることがある。それは意外にも、「未だお若いんだから、これからなのにね」。この励ましは私を想像以上に苦しめた。返す返すも無念で辛い思いが心一杯溢れそうに覆っていたことを思い出す。多分私もこの体験をする迄は残された人への励ましとして自然と使っていたことを思い出す。しかしその言葉は、自分を責めてしまい、辛さが更に重く、のしかかることを学習した。今は何でも心に刺さる棘になってしまう。

人々は皆老いて平均的に亡くなる訳ではない。死への旅立ちは各々で与えられた寿命を各々に全うすることに気付かされた。自分自身のこの体験は大きな学習であった。東京にいればヨーロッパに、又ヨーロッパに行けば東京にと、この心に住みついた怯えている気持ちを受け入れてあげよう。先の見通せないこの道はきっとはるか遠く迄続く。この関所は意

少女のテラコッタ

地悪である。幾千年も昔の人々も皆この辛い仕打ちに耐えながら、生き抜いていたことに気付かされてきている。夫がいなくなる。この心の重傷に気付いている。

そんな折、思いがけない朗報をもらっていた。それは私が一人になって以来ずっと支え続けてくれているK夫妻からであった。ロンドンのサウサンプトン港から出港するバルト海クルーズに乗船前の二日間をロンドンで遊びたいという。私に案内をして欲しいという大逆転のストーリーが舞い込む。私にはこのロンドン滞在中の夢のスケジュール。嬉しい依頼であった。

私の投宿ホテルのクインズウェイステーション前の大通りで会えることになった。ロンドンで会えることを誰よりも喜んでくれていた二人。これ以上無い私の良薬となる。大通りの安全地帯で大きく手を振っていた。兄弟を含めた総勢五名のその軍団に大声を出して手を振り再会に答えた。「ハーイ」と。

午後五時。明るいロンドンは賑やかで駅前のチャイニーズレストランで子供のように大騒ぎをする。夜のロンドンパブ等の散策。私は見事に普通の女に解放されていた。クルーズが大好きな夫と、それを好まない妻。いつもその点で意見がかみ合わないK夫妻。しかし今回は私に会うというビッグスケジュールで妻も同行に賛同したという。彼は日本発のクルーズを好んでいなかった。

船旅の体験の無い私が取りつかれてしまったら、それはもう財政破綻の領域である。彼はクルーズのキャプテンとも親しい間柄になっていた。人生を謳歌していた。乗船する別れ際の「気を付けて頑張れョ」という激励の言葉に「わかった」と私はうなずいて泣いた。彼は私より二十才近くも年上のお兄さんである。一人残された私は淋しさが更に大きくのしかかっていた。嬉しい事柄が快方に進んでいかない私。

一人になって七ヵ月のロダン美術館

きっとこの私をなんとかしてくれる筈、という思いで訪れていた二回に亘るロンドン。心の回復には至らなかった。世田谷に戻っても気持ちを引きずっている。しかしこの日々を送ることしか無いことには気付いている。懲りもせずに一人になってまだ一年にも満たない五月に、泣いている古傷をあやすように、何かを求めて見え見えな計画を組む。最初の入国はパリにする。立ち直れるきっかけが必ずある筈と、大きな期待をしてのこと、ヘビーなパリを選んだのは、精神が回復している兆しか。

厳しくフェアースケジュールを組み込んで、アメとムチの両輪で感傷に浸る余裕を与えない、積極的な頭脳作戦である。しかしそれは逃避以外の何物でもないことはわかっている。かつて私の心を変えてくれたパリでの荒療治に挑む。この手段今の私には最善である。心配するには及ばない。私は一人できっと何とか出来る。この不揃いな気持ちで乗り切ってしまう。見切り発車。懲りない女。

パリ。透明な長いエスカレーターの、シャルルドゴール空港。訪れていたのは一年前であったが、しかしこうして一人になってからは初めてである。押え切れないはやる気持ちで、ルーブル美術館近くの常宿に向かう。しかしその外観はすっかり変わっていた。

話題にはなっていたが、ホテルは経営者が変わり、デザイナーズホテルに変身していた。ホテル名も変わり、以前の面影は無くなっている。大きなトランクと乗員一人で満杯になるエレベーターは手動の二重扉から今風に変わっていた。十年にも及ぶ常宿には沢山の想い出がある。部屋の中には水回りにつながる小さな二段の階段があり、何故かそれが大好きであった。そこはフラットに改装されてビデは取り外されていた。

最初の夜。パリ留学中のH嬢の娘と三人。ガイド役にお願いしていたリヨン在住のディーラーとの商談を済ませて、真夜中小さなダブルベッドで三人丸まって仮眠を取ったことがよみがえってくる。部屋のニュアンスも変わってしまってはいるが脅えていた最初の頃から次第にディーラーとして育っていったこの基地には忘れられない事柄が溢れている。変化への絶望。これからのパリの宿探しが脳裏をかすめる。一階にある小さなビュッフェルームとクロワッサンは以前のままであった。今回が最後の投宿となることを直感していた。

この宿はオペラ座等も至近故に、一世紀前には高級娼婦や女優等が常宿にしていたであろう趣きが漂っていた。こうして今では私の専用であったパリのこの佇まいは突然姿を変えてしまう。古き良きものが失われていく。私の心の傷を大きくする。ただただ理不尽に一人で戦っている。しかしその考え方こそが身勝手と言えることにも気付き始めている。変化を受け入れていく気持ちを大切にしていこうと誓った筈であった。しかし丁度その頃、心に更なるダメージが。ルーブル美術館と並んで建つ、常宿からも至近なあの華麗なル・ルーブル・デ・アンティケールも姿を消す。知識の乏しいこのディーラーにとっての致命傷。心のどこかで変わってしまうことをきらっている。しかし、考えてみればそれは過ぎ去った歴史の一コマ。古き良き時代に居合わせて貴重な時を共有出来たことへの感謝の気持ちに気付いたりもしている。これは私の成長なのだろうか。

変化していくことに、事のよしあしに拘らずクレームをつけてしまいたくなる性分。どんな事柄でも不変で有り続けることは難しい。変化を受け入れて穏やかになろう。わかっている。しかし素直にそこに至るには私の性分との闘争が待ち構えている。

一夜明けてパリのスタートは初めて訪れるロダン美術館を目指すことであった。成功をおさめた後年のロダンはオテルビロンとムードンの丘の二か所を得て、華麗な迄の日々を送っていたといわれる。今日訪れるのはムードンの丘である。セーヌ左岸にあるメトロバレンヌ駅で降りて、地上に出る。眩しいパリの五月の光を受けて、キョロキョロとして佇んでいる私に「ミュゼ・デ・ロダン?」と近づいてくる人がいた。「そう」と私はうなずいた。道を親切に教えてくれた優しいパリジャン。一九〇八年からロダンが亡くなる迄の九年間を過ごした高台の大邸宅迄は順調なスタートであった。ロダンの息づかいの伝わる館内は石の粉でまみれ、無造作に置かれたと思われる作品群の様子は全く想像と異なっていた。しかしその静かで誰もいないフロアーに、ノミを手にするあの笑顔のロダンの姿が私には見えた。

展示室で目に飛び込んでくるカミーユ・クローデル。在りし日のロダンとの葛藤が浮かび上る。何かと話題に事欠かない、若い頃には、すれ違いざまにふと、ふり返って見たくなるようなレーシーな襟付の洋服を着ていた美しいカミーユ・クローデル。あのオーギュスト・ロダンにして心のざわめきは想定内であった。

今から一世紀以上も遡る頃のロダンは、四十才を過ぎた頃に、当時建設予定の装飾美術館の入り口の扉の依頼等（後年の地獄門）充実した日々を送っていた。そこに突如現れた若く美しい負けない女カミーユ・クローデル。十五年間にも及ぶ愛弟子としての関係。後半は不穏な空気が漂う二人にとって苦悩の交錯する日々であったことは想像に難くない。芸術家と若く美しい愛弟子、そして妻。それはパリの巷でそちこちに散らばっているありふれた事柄。波乱は想定内であった。

お針子であったというロダンの妻ローズ夫人。別れ話も出ている中で若い頃から苦楽を共にしてきた夫を決して離さなかった。カミーユ・クローデルに負けるシナリオは無かった。「好きになることが遅かった」と思っていたか否か？　夫ロダンの人となりは、ローズ夫人に見抜かれていた。若く美しいが故に勝ち誇ったかのようにロダンに結論を迫る。すべてか、あるいは無かで不確かな関係でいることはいやだと。ロダンは労苦を共にした妻を選ぶ。後に友人を通して渡されたお金の受取りを拒んだカミーユ・クローデル。大方自分だけの男でいて欲しいと思うであろう。隣に別れない妻がいても私はきっと独占に走ってしまう女。別れのシナリオは昔も今も万国共通であった。

過ちの重荷は各々で背負う。傷口は一層深くなり進んでいく先に見える相剋な日々さえも断ち切ることが出来ない地獄のような関係。最も始末におえないいくすぶり続けた火種。後年病に侵されたカミーユ。外交官であった弟の憎しみのほこ先は、ロダン家に向けられていた。苦しみの記憶は消えない。そのたどった人生によって人は創り上げられていくのであろうか。私は在りし日の葛藤渦巻くミュージアムの空気の中に、二人の姿を捜し続けていた。

館内には大きな硝子の棚があって、中には非常に興味深い小さなパーツのようなもの等様々なものが並べられていた。一つ一つふとしたものから何かインスピレーションのようなひらめきを得ていたのかも知れない。その沢山の中からバルザックに関わるようなものも私は発見していた。突然脳裏に浮び上がったあのガウン姿の堂々としたバルザックの立像は、オルセー美術館一階正面突き当たりに、圧倒的な存在感を放って、ディスプレイされている。この立像に会うことはパリでの大きな楽しみでもあった。しかしそこに至る迄には様々なドラマが隠されている。

それはオーギュスト・ロダンが五十才の頃にフランス文芸家協会会長のゾラを通して亡くなったバルザックの記念像の制作を依頼されたことに始まる。立像のディスプレイに至る迄には苦悩の道のりを経ている。資料を求めてバルザックの故郷に行きテーラーに迄訪れていたという。どうしても紡ぎ出せなかったバルザックのイメージ。苦悩の果ての寝間着姿。その中は肉体の塊。文芸家協会は未完成とみなして受取りを拒否。ロダンはムードンのアトリエに引き取った。其の後芸術家仲間が「ロダンのバルザック像の為に」と募金箱を作り、ようやく鋳造に至る。苦悩を経ての完成後のロダンは体調を崩し、大作には挑んでいない。

五十才を過ぎて亡くなっているオノレ・ド・バルザック。軌道から外れてしまったかに見える自由な男は、オーギュスト・ロダンとは又異なったオーラで迫ってくる。ねたみや葛藤に揺れ動く、あの登場人物の眼差しの描写。繊細にして深い洞察力。あの逸脱していた日々の生活とは異なり、すべてを見通すムッシュで有ったことに私は気付いている。

そして後年オルセー美術館のあのバルザックの立像が、いつものディスプレイ位置から姿を消している。どこに行ってしまったのか。私の心の中にずっと居続けているあの男。気がかりなバルザック。私は数ヵ月後に、セーヌ河の土手に建つかつてのバルザックの隠れ家に、訪れることになる。

余りにも静かなムードンの丘にとどまり続けて、時が止まったように空想に浸りながら、私の心はきっと回復の方向にむかっている。訪れたこの日は別室で特別展が開催中であった。『ニホンノユメ』という片仮名文字で表記されたロダンのコレクション展であった。予期しない幸運に私は恵まれた。浮世絵コレクターのトップクラスであったオーギュスト・ロダン。あの壮絶な浮世絵で会場は埋めつくされていた。ジャポニズムに心酔していたロダン。今こうしてパリのど真ん中で繰り広げられている日本の姿に、私は自然と溶け込んで、日本人としての誇りにも包まれていた。

ヨーロッパの隅々に迄席巻していたジャポニズムの大きな波。遠来の客の為に準備していたかのようなこのエキジビションに私は興奮していた。はるか遠い東の果てのミステリアスな小さな国。この日本の異文化に心身共に魅了されていた人々に思いを馳せていた。

浮世絵はいつも猥褻の議論の対象となりながら、しかしここ迄の高い芸術性は世界を見渡してもこの日本のみであろう。このブームを創り上げた先人は一体どんな人であったのだろうか。ヨーロッパのミュージアムショップでは書籍のディスプレイ台にあった日本語の淫靡なタイトル表記の付いた立派な浮世絵本を、背伸びをするように小さな少年が真剣に見ていた様子を私は横で見詰めていた。日本においてこれは考えられない光景かも知れない。しかしヨーロッパにおいてこれは普通である。フェアーの会場では常に厚紙の鞘の中に紛れ込んでいることが日常的である。この浮世絵は未来永劫日本の財産として残っていくことであろう。このスキャンダラスな浮世絵に陶酔していたロダン。亡くなって百年も経ち今こうしてつまびらかにされていることは想定外のことで戸惑っているのではないかと私は思っている。その他、扇等、日本の小さな品々のコレクションを通じて、日本贔屓な、優し過ぎたムッシュ、オーギュスト・ロダンが時空を超えて姿を見せてくれた。私はヨーロッパへのジャポニズムの浸透に驚嘆していた。

ダンテの神曲に心酔していたロダン

不実に生きることを誰よりもきらっていた筈のオーギュスト・ロダン。しかし現実は矛盾に覆われた日々を送り続けていることへの罪悪感をぬぐい切れないでいた。このロダンの苦しみは特別な事柄ではない。巷の人々の人生も変わらない苦悩を背負っている。気付きながらも修正していく難しさにも気付いている。人々は懸命な日々を送りながら苦悩を遠ざけている。それは生きていく上での知恵なのかも知れない。人々は各々に遭遇する事柄に真剣に向き合って生きる人もいれば、軽やかにスルーして生きていく人もいて様々であろう。その工程が人生の最後に大きく反映されてしまうのであろうと信じている。私に強烈なオーラを与えてくれたムードンの丘のロダン美術館、ありがとう。苦悩の果てに生み出された数々の作品。後年ここはパリ国立のロダン美術館となる。

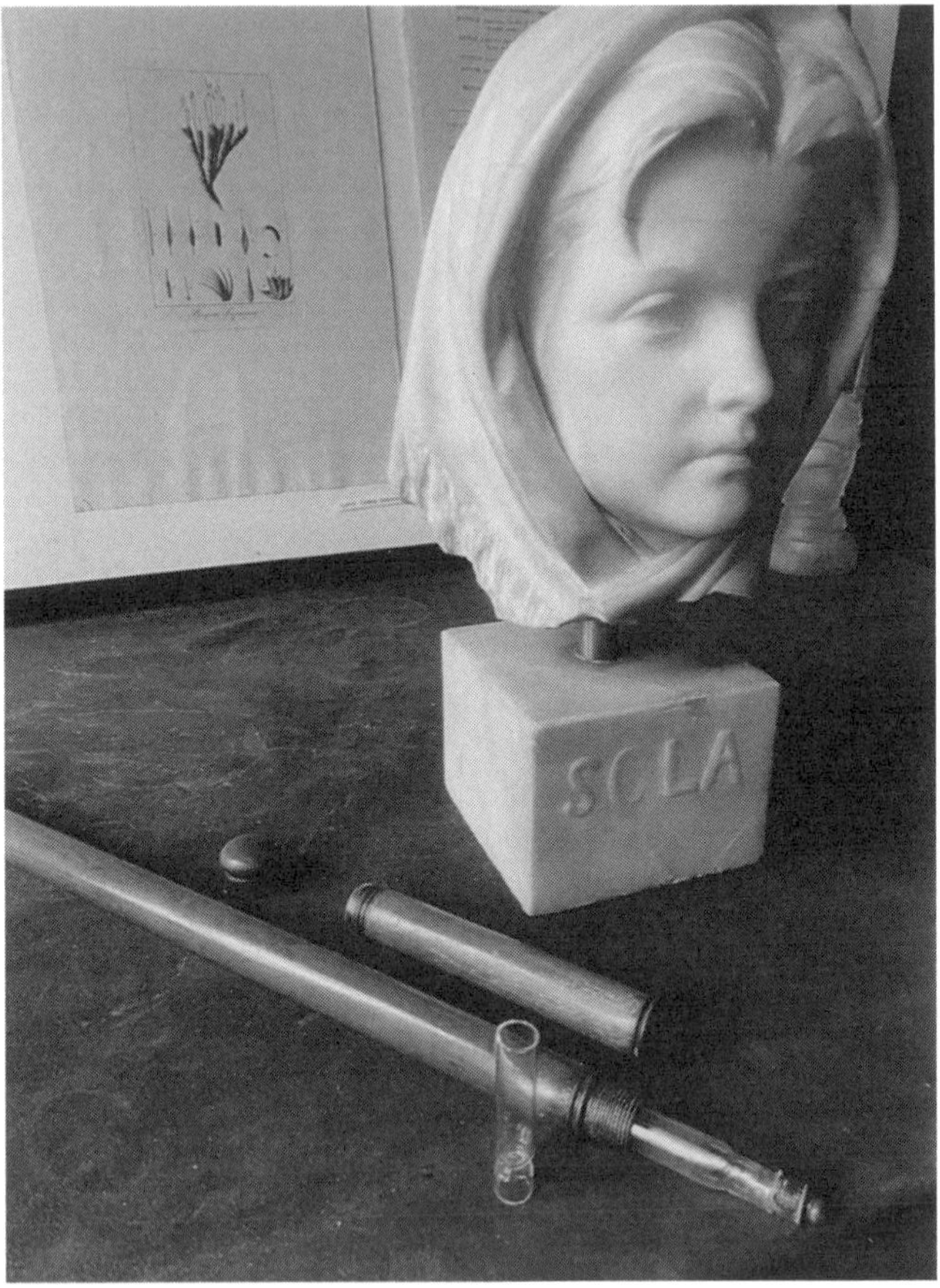

マーブルスタッチュ

チルドレンブック

浮世絵版画との出会いは多い。しかしこの類いをヨーロッパのコレクターのところで初めて目にした時は余りの美しさに大変驚いた。日本で見掛けたことは無かった。同じ版画とはいえ、絹のようなちぢみの和紙に、美しいグラデーションで日本の童話を和綴じした文庫本から少し大き目なサイズの本まで。チルドレンブックと呼ばれて、ヨーロッパの上流階級の子供への読み聞かせ本として大変人

チルドレンブック

気があったという。『因幡の白兎』『竹取物語』『桃太郎』どれも日本人には馴染み深い童話ではあるけれども英語のストーリーが少し異なったりもしていた。見開きには明治十九年第一版発行の文字。大正期の後半迄続くロングセラーであったことを知る。一世紀も遡るこの小さな美しい日本の貿易品、挿絵の美しさなど手を抜かない真面目な浮世絵職人の魂が溢れている。発行兼印刷者・上根岸の長谷川次郎という記載からも日本の美しさを伝えていく責任と熱量を異国で感じていた。このミステリアスな国からの発信に限りない憬れを抱いていた。子供の頃の記憶の絵本とは異なり、それは美術工芸品であった。美しい色彩に目を奪われて、出会えば必ず日本に持ち帰りたい、欲望に溢れた逸品である。ロンドンのコレクターを説得することは大変な忍耐を要した。今では出会うことさえ難しいアイテムである。家並みに沈んでいく美しい夕暮色のあのボカシ。東の果ての国の優しい縮緬のように美しいレースペーパー。子供というよりも親がその魅力に引き込まれていたという。

ドガ

アメとムチを組み込んだスケジュールの効果か。何とか元気でクリニャンクールにも向かう。マルシェの2F紙専門のブースにいるお気に入りのディーラーのところである。ここは一日中でも見続けたいエリア。大きな厚紙の鞘が沢山並んでいる。しかし一瞬にして、エドガー・ドガのエングレービングが目に飛び込んでくる。そこには何と十枚も。しかし私は欲しい一枚が直ぐに決まった。タイトルは『パトロンへのお祝い』であった。三百五枚を刷って原盤をダメージするというフランス語の記載が有った。

モンマルトルのクラブの一室か、中心に座る一人のムッシュを取り囲んでいる大勢の丸裸の娼婦たち。身につけているものといえば当時のトレンドであった縞柄のハイソックスのみという異様な光景。鼻の下を伸ばしたそのパトロンに一人の娼婦が花束を渡す構図である。この部屋の中だけで成り立っている異様な幸福感。エドガー・ドガが何故にこのような部屋への入室が許されたのか。それ程に表現がリアルで胸騒ぐ一枚である。酒もよし、女もよし、そして賭け事もよしと、何かにうつつを抜かして溺れた生き方をしている男に急に寛容になっている私がいた。エールを送られているようにも思えた。人生を謳歌していいではないか。ドガの描いた

パトロンへのお祝い

ムッシュは今の私に深い思い出を創ってくれた。正直に生きた人。楽しかった人生。人々の淋しさや欲望が余すところなく伝わってくる。

　エドガー・ドガ。内気で破滅的な性分で有ったのか。目の悪化で視力も低下して新興ブルジョア育ちとはいえ、家族で起きている様々な不幸に地獄を見てきていたのかも知れない。老残の身をさらし後年手を差しのべたのはシュザンヌ・バラドンで有った。八十三才で亡くなったエドガー・ドガから伝わる哀感に私は囚われている。不幸の灰は皆に降りかかる。噂の女はいなかったのか。不器用にも見える、ドガは悲しい。今回フランスで事無きを得て明日はイギリスに向かう。

　いつものように移動手段はユーロスターである。パリ発着の北駅。そこに設置されている税関。パリへの入国は何ら問題は無いが、恐れているのは出国である。そのゲートは関所と呼ばれているにふさわしく、にらまれたら最後、言い訳は通用しない。いかにして問題無く通過することが出来るか、手荷物の状態や穏やかな笑顔で臨んだりと常に戦略を尽くす。パスポートで極めて出入国の多いことが税関職員をナーバスにしてしまうのかも知れない。幸いにも今迄、激しく問われることは有ったが、足止めされた経験はない。国家権力を盾にトランクを投げつけられている光景を目にしてもいる。厳しい検問に対して明確に応答しないと、すぐに仕返しをされていた。

無事関所をクリアーして、わずか数メートル歩くと日本でいう宝くじ売場のような小さなハウス。そこがイギリス入国ブースとなる。ここはいつも穏やかに通過。ユーロスターにてロンドン到着となる。当時はウォータールーであった。大きなフェアーを目指して国内外から沢山のディーラーがロンドンに集結していた。夫とも顔馴染みであった多くの人々が無言でハグをしてくれた。ロンドンでの不安は事無きを得た。いよいよイギリスでの闘いの大舞台が待ち構えているのである。

仕事の移動では欠かせない地下鉄。そのエスカレーターの壁面にある巨大なエキジビジョンポスターが目に飛び込んでくる。そのダイナミックで華麗な情報の出し方にワクワクして、仕事のスケジュールも忘れる。ポスターを見ると未だ心に居座っているあのパリ、そしてエドガー・ドガへの熱が再燃する。ディーラーの闘いの気持ちはどこに消えたのか？　私はフェアーをスルーして美術館に向かっていた。そこはエドガー・ドガ展。巨大ポスターは『カフェの中でアプサント酒』である。絵の中に描かれている二人。アルコールで破滅したボヘミアンと少し離れて座る売春婦。異なった二人の視線から甘い感情を読み取る余地は無い。当時のフランスの女優エラン・アンドレをモデルに使って描かれたという売春婦。幸せを得られたのか。うらぶれたパリの裏町に暮らした人々にドガは永遠の命を吹き込んだ。ドガ自身の辿った辛酸をなめた日々を無駄にしてはいなかった。家業の破綻。親族の自死等心にひそんでいる苦悩の感情をキャンバスが引き出させてくれていた。描き出されているパリの陰翳。絵画は犯罪並みに詐欺と欺瞞を必要とすると言っていたドガであるが心の中に積もる感情をキャンバスに注いでいた。私生活では辛辣なウィットを持ちながらも、強迫観念を抱く程大変内気な画家であったという。友人でもあった三十才も若いロートレック。その恋人のシュザンヌ・バラドン。あのモーリス・ユトリロの母でもある彼女は、ロートレックの絵の評価を、憬れていたドガからしてもらっていたという。油絵具が主流の折、目の異常で太陽の下で描けなくなってしまっていたドガ。パステルの表現に変わっていく。戸外で描くことが少なくなっている自分は印象派の画家ではないと言っていた。

そして更に視線はパステルで描かれている『エトアール』に目が留まった。この侘びと誇りのトップバレリーナ。その姿をじっと見詰めている男がいる。それは彼女たちには生きる為に避けられないパトロンの存在であった。普仏戦争で国は貧しさに包まれていても、ほんの一部の金満ブルジョアジーがオペラ座の年間ボックスシートを買い占めていた。絵はそのシートから見たショットである。それはパトロンが見ていた角度であるという。ドガもその金満ブルジョアジーをパトロンとしていた。時代がどんなに変化しても、社会の構図に人々は支配されながら生きている。気のおもむくままに過ごした楽しかったパリの一日と思いきや、なんとここはロンドンのど真ん中であった。

マネ

笑顔で一日が終われるか否かは、すべて私の手の内にある。幸運を呼んだエキジビションポスター。一人になって七ヵ月を経た私は、フランスからイギリスと買付けのスケジュールを辿り、今日は自由にミュージアムやストリート巡りで、ゆとりある一日を過ごそう。

滞在中、いつも数回は訪れている大英博物館。今日のスタートも地下鉄ホルボーン駅。そこから小さな公園を通って行く近道はもう通いなれている。入館無料に甘えて幾度となく博物館を訪れている私。世界中からの旅人でいつも変わらない賑わいを見せている館内に私はすっかり馴染んでいる。ミュージアムショップでのんびりと過ごせるようになったのか？　沢山のポストカード。日本にいる人々の激励の笑顔が浮かんできた。前回訪れたロンドンに比べて、心の変化には気付いていた。嬉しい。元気になっているのか。大好きなギリシャ・ローマのディスプレイフロアーにエスカレーターで直行する。偏っている鑑賞。どんなことがあっても、このフロアーを見ないで帰ることは無かった。

揺れる金細工の冠や、皇帝が胸に飾っていたのか？　いわくありげなあの隠し彫りの施されたカメオのブローチ。そして美しい金の耳飾りに見入っていた。更にローマ元首14代トラヤヌス・ハドリアヌス帝を上目づかいで見詰める、まだ十八才だったというシャメレスボーイ、アンティノウス。寄り添う二体の胸像。大英博物館のこの狙いに、数え切れない程足を運んでいる。〔Shameless〕シャメレス。「恥知らず」あるいは「わいせつな」と訳されるこの若き男に入れこんでいた皇帝ハドリアヌス。厚い本から大判のポストカードに至る迄ショップに散らばっているその世界。屈指なファン。体のすみずみ迄おかされてしまっていたこの私。学芸員の誘惑に囚われている。戦略が見えかくれするディスプレイ。博物館は私の心を察して静かに受け入れてくれた。
（ありがとう。必ず元気な姿で戻ってくるわね）と心の中で約束を交わした。この浮き沈みのある心に、周りが私に寄り添ってくれている。旅人でいることは恐らく最大の逃避である。

博物館を出て同じ地下鉄ホルボーン駅から程近い滅多には訪れることのないジョン・ソーンズ博物館に行く。彼はイギリスを代表する建築家で生活していた屋敷がそのまま博物館となっている。あらゆるコレクションが所狭しと陳列されている。大理石の石棺をはじめとして、小さなジュエリーに至る迄、多分欲しいものは何でも手に入れることが出来た人。ロンドンのブルジョアである。博物館として後年こうして私達を楽しませてくれることは彼にとっては想定外のことなのかも知れない。単に好きなものを思いにまかせて買っていただけなのにと、戸惑っているかも知れない。それにしても彼のコレクションは広範囲である。更に彼の収集はここでは止まらない。私の大好きな画家ウィリアム・ホガースの絵は圧巻である。すべてがここに集結しているかに見える。

ロココ時代のイギリスの政治的及び社会風刺を描いたその絵は巨大で、大量のパネル式のディスプレイで鑑賞しやすく時間を忘れて見入る。その膨大な量に圧倒される。仕様のない人間の愚かさが描かれているストーリー。いつの時代においても変わらないこの世界の人々に共感しながら癒やされていく自分自身をよく知っている。

残された時間、最後にどうしても又エドゥアール・マネの『フォリー・ベルジェールのバー』のあのスイゾンに会いたくて、コートールド・ミュージアムに向かう。やはり案の定私の不安が的中した。想像していたように世界の恋人スイゾンは遠い南米のミュージアムの旅路からまだ戻らずに会うことは叶わなかった。世界中の美術館に狙われているスイゾン。無念な思いでミュージアムを後にする。地下鉄駅前のフラワースタンドで小さなブーケを買い、常宿に向かう。夕刻の地下鉄のホームには沢山の人々。買付けたものが無く手に何も持っていない私は不慣れであったが、混雑している車内には幸いした。

なかなか日が暮れないロンドンの夜。五月といえども肌寒く、思わずコートの衿を立ててホテルに入る。中は暖かく戦利品も少な目なこの部屋はクリーニングも行き届いていて整然としていた。小さなブーケを机の上に飾りながら何故かまたしても淋しさにおそわれる。

今回のフランス買付けの折に手に入れたワイングラスをロッカーから取り出してひととき華麗な気持ちに浸る。私はフランス人なので決して英語は使わないわョ……と激しい口調のディーラーの顔が浮かんでくる。グラスにはフランスのニュアンスが漂っていた。人々と会話することの無かった一日。過剰に反応することは私の心の不安定さを招く要因となることはわかっている。大好きなワイングラスのせいか？　疲れ過ぎたのか深酒の方向に、そして今日訪れたミュージアムのことや、かつて生き生きと人生を謳歌して生きていた人々に思いを寄せていた。

昼、ジョン・ソーンズ博物館を出てから、テクテクとボンドストリートや、ニューボンドストリートでウインドーショッピングもしていた。その素晴らしさに魅了されてもいた。地下鉄ボンドストリート駅からこのあたり、正装したドアマンの立っている高級アンティークビル等もあり、ディーラー以外に日本からの観光客と思われる人々を見掛けることも多い。ボンドで宝飾品を買う。それは、もう日本のブルジョアである。先程、腕を組みながら笑顔で歩く日本の初老の二人連れとすれ違った。じっと視線を送っている私がいた。あの幸せに追い付けない。叶わない一人の私が望んでいるものは一体何なのか。

ディスプレイされている高級ブランドのバッグや絹のスカーフ等のルーツはフランスにあるといわれている。近代化等で、不要になってしまった馬車職人等は、その高度な技術を生かして椅子等の家具職人になっているという。

当時フランスで新教徒を認める勅令を出していたルイ十四世。しかし、愛人の反対によって立ち消えになってしまう。この理不尽な振る舞いに不満を抱く国民は多かった。フランス北部に住むユグノーと呼ばれていた新教徒の人々が見切りを付けて多様性に富んだ移民の町ロンドンソーホーに移り住んだ。抵抗は国を捨てることであった。様々な宗教をも認め夢を抱けた多様性に溢れた町。信仰は当時生きていく上での欠かすことの出来ない条件であった。自由を求めて深い信仰心とバイタリティーに裏付けされた誠実な職人をルーツとしていた人々であった。

こうして今日一日何かを探し求めながら過ごしていたかに見えていた私は、どんなに癒しの時間を過ごしても、とどのつまり何一つ心の進化は見られない女のままである。私がきっと変わることの出来る重要なこと、それは以前のように夫と共にいたいという叶わない思い。頑固な迄に究極夫のいなくなってしまった今の日々からの活路は見出せないであろう。先人の人々からのどのような学習も立ちどころに消え失せる。人間の宿命などと言われようとも頓着しない。夫を奪われて、こんなにも辛い日々を余儀なくされている。私は罰を受けるような罪は犯していない。とにかく会わせて欲しい。

冥界のしかるべきお役目の儀典長なる人からの償いを妄想している。懐かしいあの人は貴殿の計らいで冥界では極楽に配属されていることを私は確信している。夫は私のことを忘れていないのか？　もうこれは人間失格。異世界に取り込まれてしまっている。脳裏にはり付いている、かつて私の前に立ちはだかってくれていた男に会うことが出来ない。バラバラになっている私を救えないのか。もはや制御不能に陥っている。一番の執着はやはり亡くなった夫である。私はどうかしてしまったのか。これは救えるのか。真夜中にホテルで一人収拾するすべを見失ってしまっている。

まだ七ヵ月の日々、それ程簡単に心の修正が出来る筈はない。忘れようとすることは一層の辛さにつながる。この世界から抜け出せないでいる。程遠い心の復帰。危ういところで私は生きている。

昨日の夜のことはもう忘れよう。今日フライデーは早朝から賑わいを見せるロンドンブリッジ駅から行くバーモンジーマーケットへ。まだ人の気配のほとんど無い通りを足早で向かう。秋風が吹き始める頃には、早朝のこの時間帯はまだ真っ暗である。

大好きなお姉さんディーラーに挨拶を交わす間も無く、私の目に飛び込んで来たもの。15センチメートルも有ろうかと思われる升型のアイボリーで創られている箱に釘付け。盆のつまみには見事な大きさの翡翠の自然石が付けられていた。ジュエリーボックスといえども材質やデザイン等多様である。箪笥風に引き出しのついたもの、中仕切りが美しいもの、カマボコ型に革を張られたもの等、スタイルも様々で、その美しい創りに心奪われているアイテムである。今日、目に留まった箱はアイボリーのシンプルなもの、ぜいたくな厚さから放つオーラは特注であったのであろう。この箱からは創り手の思いが伝わってくる。気品が溢れている。早朝から嬉しい出会い。これは多分夫からの償いのジュエリーボックス。私にとっての良薬は大体見当がついてきている。大柄で明るいお姉さんディーラーは、様々なフェアーでブースを出していて私のお気に入りであった。気の合うディーラーとの関わりは、長年連れ添った夫婦の関係にも似ている。並外れたお気に入りを持っていることは当然であるが、外せない相性のようなものがある。「ありがとうお姉さん」私の好みをよく知っている。

ロンドンでいつからか人々とこのような関わりをつくりあげてきている。そして今日のこれからの私のスケジュールを話すとニヤリと笑った。全く付き合いきれない自分自身に手を焼いているこの私。転々と変わる。不安定な女に手を替え品を替えながらご機嫌をとって寄り添っている。

ロンドンブリッジ駅のあたり。あちらこちらに中世の頃の空気が漂っているエリアである。駅に程近いテムズ河沿いの迷路のようなところに、こぢんまりとしたクリンクプリズンミュージアムがある。知る人ぞ知るこの秘密の享楽ミュージアム。大好きなものも手に入り、こうして歩きなれた道をゆったりと好きなところに訪れることが出来るのはディーラー冥利。頑張り続けていることへの贈物である等と、気持ちがころころと変わる。

数回訪れているこのミュージアム。他の国々においても過去の戦争や歴史的残虐な場面をリアルに創り上げたミュージアムに出会うことはめずらしいことではない。

ここは観光スポットの筈であるが入館者に出会ったことはない。このミュージアムの主人公は宗教家でありながら異様さが並外れていた。

館内に入るとそこは牢獄であり、何と同時に娼館も構えていた。主な囚人は債務者・大酒飲み・売春婦。それは司教お抱えの娼婦たちなのである。一六二六年頃迄この場所に建っていた司教ウィンチェスターの所有する荘園の中の宮殿。その隣に建つイギリス最古といわれる男女の入る牢獄のことである。囚人となってしまったお抱えの娼婦たちの生活の様子や十二〜十七世紀頃迄の武器のコレクションが展示されている。直径が三十㎝にも及ぶ鉄球に鉄鎖、ギロチン等を手許に置いて果てしない拷問に、髪を振り乱して許しを乞う娼婦等の、ろう人形の念入りな場面を、私はこうして鑑賞している。バーモンジーのお姉さんディーラーにニヤリとされることも理解出来る。旅人にしてもここを訪れる人は稀有である。

五百年も昔キリスト教社会の苦悩。プロテスタントの芽生えにそれでも尚国王はキリスト信仰を求め立派な教会を建てた。祭壇には著名な画家に神々しいキリスト像を描かせて信仰心を仰いだが、実際の上層部は乱脈で、反省の無い規範に外れた生き方をしている事態を一番見抜いていたのは大衆であった。当時このように変質している司教の御乱行はありふれていたのかも知れない。立場や尊厳は持ち合わせていなかったのであろう。地位あるが故にどんな理不尽なこと迄もやってしまう。人は愚かな事柄とは縁が切れない。しかし余りにも司教ウィンチェスターは並外れていた。

人間は生まれた国や時代によって生涯を大きく決定づけられてしまうのであろうか。人は何故か愚かなことを好む。それをのぞき見したい気持ちを持ち合わせているのかも知れない。さしずめ司教の犯した罪は深く重く、未だに煉獄で償い続けている男の姿が見える。我慢出来ない男。脈絡の無い女たちが創った歴史の中に私は浸っている。いつの時代においても、これはありふれた事柄であり、各々に生き甲斐であったのかも知れない。

クリンクプリズンミュージアムを出て慣れた道を少し歩くと、フライデーオープンの大好きなバラマーケットがある。現在あるマルシェとは様相が大きく異なっている。賑わいを見せてはいるが、しかし人々は有名なデパートがお好きなのか？このマーケットに観光客らしい姿を見掛けることはない。中世の市場の空気が漂っている。血湧き肉躍るマーケットは野趣に溢れている。小動物や鳥は生きているかのようにロープに下げられている。ハム・ソーセージ・チーズの類い。血のソーセージも見慣れている今の姿よりも、はるかにダイナミックである。立ち止まりながめているエトランゼ。最初に訪れた時ラクレットの作り方を興味深くながめ、はじめて食べた時のことを懐かしく思い出す。ここは食べ物に事欠かない。お酒も豊富である。そちこちの賑わい。あの中世の頃の国王や司教の乱脈ぶりの噂話が聞こえてくる錯覚。すっかり、溶け込んでしまっている私はもうエトランゼであることを忘れている。ホテルでの夕食のメニューも買い揃え、このディーラーは旅路に溶け込んでいた。

　かつてパリのル・ルーブル・デ・アンティケールでミュージアムクオリティの骨付肉切りのチョッパーを買付けた記憶がよみがえった。それは当時家庭の必需品であったことがこのマーケットに足を運ぶことで理解出来た。生活用品であっても美意識に溢れていた。そして更にこのディーラーは、どれ程時が経っても、買付けた品々を決して忘れない。記憶で残す。去り難いバラマーケットで私は充分なエネルギーの充電が出来た筈である。後年この周辺はテロの攻撃に見舞われる。一人になった私はこの旅路が生きる支えとなってくれていることに少し気付き始めていた。

大丈夫、やっていけそう。

一人になって一年目秋

かつて一人になって間もなくの頃、期待を込めて行ったロンドンで全く癒やされなかった等と考えていたが、それは、自分の内側にある原因を踏まえていかなかったからだと気付いてはいるのだけれども難しい。それでも私はこうして高原のステージ故に調子が良ければ意欲を持って日々を送ることが出来ていることは、恵まれていることではないかと思ったりもする。

観光等の目的でここ迄足繁くヨーロッパへの往復はしていないで有ろう。私は大きな目標を抱いて通い続けている。少々な落ち込みは許してあげようと寛大になりつつある自分に気付いてきている。夫が亡くなって丁度一年目。今を充実して生きる。あの一年の経験を糧にしていこう。

前回もパリ入国からのスタート。デザイナーズホテルに改装されていた常宿に失望していた。やはり最初パリに入ることを選んだ。この独特な空気は私の好みなのかも知れない。今は常宿は無く、一～二泊で有ればユーロスターの到着する北駅前あたりで連なっている手狭な宿。何故かチャイニーズの経営者が多かった。シルクロードの頃のキャラバンサライ。私は行きずりの一晩の旅人。翌日早朝には宿を出る。一泊ベッドで寝ることが出来たらそれで良かったという、在りし日の私の無鉄砲な行動を今思い返しながら、何事も無かったことに感謝している。

今回はフランスの東の端、木組の建物が美しいアルザス地方のストラスブール。

現在はフランスであるが戦争でドイツ領になったり、国境に近いが故に様々な運命にさらされてきた。私がヨーロッパのフェアーに訪れるようになって最初から心惹かれているもの。ほとんどのディーラーが目に留めないオーナメント。振り子と本体が別々で鉄板をくり抜いて作られている。それがストラスブールのモビール。スカートをはいたジョッキー姿の金髪の女性が手綱をあやつるモチーフ等。蚤の市で出会う確率は今では難しい。

今回そのアイテムに会えたら何にも勝る良薬となる。ストラスブール地方のパブのカウンターの上、閉店が近づいてもなかなか帰ろうとしない酔客に、このモビールの振り子が止まったら帰るようにという小道具として使われていたオーナメントであると教えてくれた。様々なモチーフがあり、今回は二個も出会う幸運に恵まれた。夕方迄にはパリに戻りたい。モビールの放つオーラは最初に出会った時のままの恋人。これは良薬なのか。一人になった人生の一年目。大好きなものへの感動が又芽生えかけている。人生は再び動き出すモビール。

そして更に、かつて立像制作にあたり、あのオーギュスト・ロダンをも苦しめたバルザック様。秋晴れのパリの昼下りにバルザックの隠れ家に行く。セーヌ河沿いの地下鉄バッシー駅から地上に出て地図を片手に目的地に近付いている筈なのに見当たらない。ああ矢張り隠れ家故なのか。私は看板などを掲げていないことに妙に納得をしながら、右手にプレッシング屋という巨大な看板が掲げられた仕事場にいたムッシュに尋ねる。それは日本でいうクリーニング屋さんと光景は一緒であった。「この下」とセーヌ河をさした。看板も何にも無く土手に下りる階段の下り口も不確実で、しかも、いかにも簡単に土手を削っただけという階段を下りた。誰にも気付かれず隠れ家といわれるに相応しくセーヌ河が少し増水でもしたら流されてしまいそうな土手に建つ。

素朴な佇まいで家政婦の名前を借りて住んでいたという、その家は小さな図書館のようなものが併設されていて、ミュージアムというディスプレイではなく、まだ二百年にも満たないその隠れ家は昔のパリの様子。一人の男の姿、奔放に生きてきた男の姿に出会ったような感じで、自分の家にいるような寛ぎも感じることが出来た。

あの有名なトルコ石をちりばめた、ステッキや金時計等乱費や女性関係と崩壊しているかにも見えていたバルザックという破天荒な偉大な男の人生の途中。ほんの一部なのであろう。並外れていた男バルザックをつぶさに見て、私は安らぎの伝わってくる隠れ家を後にした。あの不安定な土手の階段を昇りひとときの出会い。アイロンを手にしたプレッシング屋さんが「どうだった!!」とガラス越しで笑顔を送ってくれる。「メルシームッシュ」言葉は交わさないけれども、温かい心が伝わる。一世紀以上も昔、女性の仕事といえばお針子、娼婦など限られていた時代に、ブルジョアの洗濯物の取り次ぎ仕事等も大きな働き口であったことなどが、ふと思い出されたりしていた。ムッシュはこの場所で迷うエトランゼに慣れている。

夕方不慣れな宿で、買ったモビールの振り子を揺らしながらかつての酔客の姿を思い浮かべていた。このモビールは様々な人々の人生を見てきている。時代をまとったこの美しい鉄の薄板は、今こうして私のところに辿りついた。流浪の旅人にとってパリは良薬なのか。

フランスではリトグラフやあるいは何気ないものとの出会いに心動かされてきた。常にお好みに出会えるとは限らない。積み上げられた紙類を前にして選んでいる時はこのディーラーの至福な時といえる。曜日限定故に思う存分に佇んで品定め出来ないのがこの旅人ディーラーの宿命。しかし何といってもドル箱は硝子の類いではないかと思われる。当時の視点は現在のディーラーのコレクションの傾向とは多分に異なってきていることに気付いている。アンティークといえども時代と共に変化していく流行。

当時はエミール・ガレ、ドーム兄弟、ルネ・ラリック等はモール街では常に目に飛び込んでくるアイテムであった。ルネ・ラリックの『ウナ・ヴィールシリーズ』これは黒・白の市松柄がステムに施されていてテーブルウェアーとしてモダンに演出することが出来た。更に『リッキウェアーシリーズ』はパリの田舎の果実を写生したような図柄がステムに施されていた。まだまだ沢山あったシリーズの中でこの相反するアイテムを集中的に集めた。更にはラリックで重量が五キログラムは下らない巨大なプレート一九四三年“CHÊNE”はエッジにエイコーンが盛り上げられているデザイン。私はシンプルで尚ダイナミックなこのプレートにはまっていた。このインパクトは倶楽部の顔になってくれていた。

又エミール・ガレに至っては何故かあのガレらしいといわれている花瓶やランプの類いは余り好まなかった。初期の頃の食器シリーズ、それはオルセー美術館で見たディスプレイに心奪われていた。菊やバラの花などを何気なくエナメルで描いているグラス等に焦点をしぼっていた。セイムネイムの描き方はフットのあたりに散したこぼれた葉の中に、まるで葉脈のように何気なく施されているサインに夢中にもなっていた。ワイン用フルーツ・アイスクリーム等気品漂い、このディーラーにとってのシークレットアイテムであり簡単に出会えるものではなかった。午後にはパリ出国の地獄といわれている北駅の税関をクリアーして、ユーロスターのヘビーユーザーはイギリスロンドンに向かう。ナショナルギャラリーで待ちこがれているエキジビションがある。

レオナルド・ダ・ヴィンチのチェチリアに逢う

待ちこがれていたエキジビション当日。二〇一一年十一月、この日のロンドンは異常な寒さに見舞われていた。かつて夫が亡くなって三ヵ月にも満たなかった真冬の一月のロンドンの寒さをも上まわる程。又あの時の救いようの無い気持ちが甦ってきそうな予感。しかし五年の歳月は少なからず成長をもたらし、夫のいない日々にも慣れてきている。辛い日々に見切りをつけないで来た褒美なのかも知れない。

今回の期待を込めたスケジュール。仕事のこともさることながらこの日は必ずロンドンに来ることを前々から決めていた。チャリングクロス駅の地上に出た瞬間、すでにトラファルガー広場がざわめいていた。ナショナルギャラリーの脇の小径の横に建つSAINSBURY WING［セインズヴァリーウイング］の入り口は長蛇の列とざわめき。日本でならばいざ知らずヨーロッパでのこの雑踏は想定外であった。エキジビションはレオナルド・ダ・ヴィンチの『白貂を抱く貴婦人』いわゆるチェチリアである。思っていた夢が叶う。セインズヴァリーウイングに下げられたあの巨大なチェチリアの幕が強風にあおられて壁にバタバタと音を立てて荒れた初冬の寒さが襲いかかる。鉛色のロンドンの空の下に佇む。しかしこれはもう忍耐で順番を待つ以外はない。覚悟は出来ていた。入館規制等もあり絵の前に立てた頃には三時間も経過していた。

静寂がチェチリアを包んでいた。モデルが確定していない『モナリザ』と異なりこの絵の前に立っている人々は、このモデルはチェチリアという実在の女性で有ったことに心奪われていたのではないか、と思う。

チェチリア・ガッテラーニは十六才で美しさ故に宮廷に招かれたという。当時三十七才のレオナルド・ダ・ヴィンチに肖像画を依頼したその人こそミラノ公国代表ルドヴィーコ・スフォルツァで有った。画家とチェチリアが対峙すること三ヵ月を経て完成した絵だという。チェチリアの内面を余すことなく描ききったレオナルド。やがてお妃を迎えたルドヴィーコの下を、誕生した子供を抱き宮殿を後にした女性。

与えられた人生にあらがうことなく懸命に生きていく一人の女性。其の後チェチリアは貴族との結婚を経て、終生自室にこの絵を飾っていたという。結婚はルドヴィーコ・スフォルツァが決めてくれた人であった。この小説のストーリーのような事柄に私はとらわれていた。

宮廷入りして間が無い頃のチェチリアの姿は質素で、伝わってくる人柄の穏やかさ、少し灰色気味に描かれていた爪先を私はじっと見詰めていた。戦時下ではナチスによる流転の憂き目にも見舞われながらこの絵はポーランド貴族の財団所有故かヨーロッパでの展示も希なのかも知れない。質素さと堅実さが伝わってくる美しさを、じーっと見詰めていた。チェチリアという一人の女性との出会い。あの行列の人々は皆この過去の在りし日に共感していたのであろう。人は辿った運命をまとう。十六才の貴婦人は進んでいく先の運命を知っていた。気高さと気品、その裏にぬぐい去れない不安な気持ちを画家は見事に捉えていた。別れ際に今一度キャンバスに振り返って美術館をあとにした。

冷え切った体。ホテルで夫の好んだクッカーで夫の大好きだった炊きたての御飯を前にして、夫を偲ぶ。お上手も言わず、直球型だった夫。ほめられた記憶は少ないが、おこられたことも無い。ヨーロッパで食べる御飯はお気に入りであった。今日はいい一日。数ヵ月前から待ち望んでいたチェチリアに遂に出会えた。

パリの枯葉

嗚呼、私は又秋のパリに来てしまった。東京ではどんな日々を送っていたのだろうか印象に薄い。高原の倶楽部での日々は一人になった私も落ち着きを取り戻し、スタッフと共に穏やかな日々を送っている。ほとんど次の旅路のスケジュールのみを真剣に考えて、他はスルーしている。五年の歳月を経て一人の日々にも慣れてきている。

シテ島のボンヌフ橋あたりで時折ジャンクな骨董市が開かれたりもする。どんなに小さな蚤の市であっても丹念に見る習慣。観光目的の人々で混雑もするシテ島。今日はノートルダム寺院にも訪れる。あの広い礼拝堂にしても数える程の人々で混雑している様子を今迄見掛けたことはない。礼拝の長椅子に座り、ステンドグラスに射し込む美しい光とどこ迄も高い天井を見詰めていた。いつも慌ただしい時間を送っているこのディーラーに、ノートルダムが呼び寄せてこの安らぎの静寂を与えてくれたのかも知れない。

片隅に並べられたノートルダムキャンドルを買いのんびりと歩いて駅に向かう。その道は本当に素朴で何故か日本の昔の姿にも、似ている。そちこちに大量の枯葉。街路樹の青桐の枯葉舞う晩秋のパリ。それは日本の人々が抱いている枯葉のイメージとは異なる。色とりどりの優しさに欠けている。美しく歌いあげられているシャンソンの『枯葉』。パリッ子は世界の人々を欺いている。サルタンヌ・パラソルといわれ、秋になって真っ黒くなり葉を落とす姿は大きなコウモリが音を立てて落下する感じで、晩秋はパリ清掃局の辛いシーズンではないかと思われる。最初の頃驚いていたこの光景、巨大なバキュームカーが奮闘している姿は、街角の至るところで見掛ける風景である。

其の後モール街の散策。突然目に飛び込んで来たマリア像。それは七十センチメートルもの身の丈で、木彫りで時代を経て黒ずみ繊細な衣のヒダは柔らかく絹のようにも見える。顔と衣から少し見えている手と足はアイボリーで出来ていた。細かく彫られた顔はアイボリーのカメオである。この出会いはノートルダムの贈物であろうと直感した。ありがとう。このマリア像は日本に連れて帰ります。一人ぼっちの私に、こんなに美しい高貴な連れ合い。それにしてもこのマリアが佇んでいた教会はどんな事情を抱えていたのであろうか等、思いを巡らす。又二〇一九年ノートルダムは火災に見舞われる。

更にモール街で到来する冬に備えて暖炉関係のブースに立ち寄る。日本では出会えない鉄とブラスとの絶妙な組合せで欲しいものに溢れている。いつも買いたい欲望とその重量をハカリにかけて悩んでいる。国際宅配便を好まず、何でも手荷物として持ち帰りたい苦悩。それにしても暖炉の薪を乗せる対になっている薪置きの正面の飾りに、英雄や女王等の顔になっていることはどのような意味があるのだろうか。私は過去に三銃士の顔が付いている薪置きを憬れて買ったけれども、熱そうに思えて未だに何故か使えないでいる。都会育ちの自称シティガールには、薪を燃やすことは難しく、一人になって苦しんだ過去がある。しかしパリで買付けたお好みな暖炉用品が苦手ジャンルを克服して次第に意欲的にもしてくれていた。やはり道具は大切である。

倶楽部は寒冷地故の床暖房は必須であったが、建てるに当たって暖炉を設置することは二人にとって憬れであった。古びたレンガをアーチ型に組み上げた古典的な倶楽部の暖炉は夫に愛された。この倶楽部の空間で他のことには関心を示さない夫は暖炉に関しては異なっていた。電柱サイズの大きさのものであっても、そのまま入れることが出来て、手間も省け楽に燃やすことの出来る暖炉。灰の始末等は不得手では有ったが、こと燃やすことに関しては名人技の夫は、倶楽部においてのカリスマ的暖炉番であった。落ちかけた炎を見詰めているお客様の言葉に「ハイハイ」と御機嫌に最寄りの雑木林から小枝を調達しての素早い対応は皆に愛されていた。しかし何故か小枝を拾い集めておく性分ではなかった。一人になってからの私は未知なるこの世界に暫く機能出来ずに苦しんだ。この私が暖炉を燃やせる？　信じ難くもあるがパリで買付けた暖炉備品は私の救世主となった。この選ばれた美しい道具たちが、私にとって暖炉を楽しい遊びに迄進化させてくれた。

私は夫を追いかけている。笑顔だった暖炉の前の夫。

パリでしか買付けない暖炉がらみの備品を携えて明日はパリを離れてロンドンに戻る。限りなく訪れているオルセー美術館。少しの時間でも訪れないでパリを去ることには未練が残る。かつてはルーブル美術館の近くの常宿であったが、暫く北駅界隈でのキャラバンサライ生活からも卒業して、今では同じ北駅から少し歩くホテルAが常宿となってからはかつてのように歩いて気の向くままオルセー美術館に行ける状態ではなくなっていた。

しかし少々不便になっても訪れることは必ず何か新しい発見がある。前回見た絵がその場所にディスプレイされていない時はピクチャーナンバーを告げると、受付けで行き先を調べてもくれる。驚く程の旅をしている。大きな絵画の移動は無いけれども、他のミュージアムに旅することはよくあることである。他国のミュージアムに求められる絵画は偏りがあり、なかなか戻れない。あの大時計のあるレストランはいつも空席が無い。窓側の座席だとセーヌ河そして対岸のルーブル美術館が見渡せる。オルセー美術館は一九八六年十二月開館である。今回は空席に恵まれた。

それは滅多に無いことである。

甘党なフランス人。いちじくのジャムを乗せたそのケーキは余りにも大きすぎて食べ切れずに、そっとくるんでレストランを後にした。スケジュールに追いかけられている。

明日は午後二時のユーロスターでロンドンに向かう。その前に大きな仕事が待っている。ホテルのトランクルームにフランスで買付けて預けて有る品々を忘れて帰るわけにはいかない。荷物は重くその上多い。これがディーラーの仕事。この重い荷物を持ってフランス北駅の関所といわれる出国ゲート通過に怯えている。幾度となく書かずにはいられないこの恐怖。避けるわけにはいかない。

無事ロンドンの常宿に到着してもロッカーにはすでに買付けた品々や段ボール、エアパッキンと山積み状態のお出迎え。二日後昼過ぎにはヒースロー空港から日本に帰るスケジュール。最後の梱包はいつもながら死の行程となり、もう錯乱状態に陥る。決して避けられないこの苦しみを百数十回も繰り返している女。

ロンドン・ヒースロー空港出国時の手荷物は重量制限のみで個数には関係しない。どんな形状のものでも例えばウィンザーチェアーであっても受付けてくれることに私は甘えている。パーフェクトにパッキンをして箱等に入れず、その姿のままを手荷物係に渡す。担当者には「ソーリー」と丁寧にお願いをする。私と共に同じ飛行機に乗って日本に行くことが何よりの安全策であることは経験済みである。様々な手を経ることがダメージにつながる。おろそかには出来ないこの工程。私は重量二倍の持ち込みを許されている。しかしそこに託せる迄の準備には辛い忍耐。決してスルーすることが出来ない。ホテルの部屋は戦場と化す。

様々な変貌・倶楽部のアイテム

止まることもなく夢中になって日々を追いかけてきた。ヨーロッパ買付けの旅も少し立ち止まってみると時代の変化の兆しも感じとれる。

ピカデリーサーカスステーションの近くにロンドン三越があった。一階正面には何と驚きの大福餅や三色団子と、日本人の心をわしづかみな商品が並んでいた。そしてそのフロアーの奥に日本のエアラインや宅配便等、ディーラーにとっても又旅行中の人々のお困りごとはすべてクリアー出来るオフィスが有った。しかし二〇一三年九月ロンドン三越が閉店となり各々のオフィスがロンドン市内に散らばってしまう。機動力に欠けるこのディーラーは、様々な不便に見舞われた。

オフィスに持ち込んで、そこで丁寧なパッキンをして、そのまま日本に送っていた頃が懐かしい。梱包用の段ボール等はホテルに届けてくれるシステムに変わる。しかしこのディーラーは宿の近くの巨大なゴミ置場から調達するという形に変貌していた。あるいは道路等に置かれている一見きれいな箱を発見すると、ためらいもなくそれを持って地下鉄にも乗る。恐れることを知らず仕事の為であれば何でもする気構えはディーラーの必須条件である。

ホテルのレセプションも仕事の内容を把握していてホテル内では自由で大丈夫と言われていたけれども、日々様々な大きなものを持ち込んで時には段ボールを抱えてホテルの小さなエレベーターに乗ることもあり一般のゲストには有り得ないこの姿に、いささかな抵抗もあった。しかしこれが一人で何でもこなすディーラーの姿である。

「お帰りなさーい」と笑顔で見守っていた優しいレセプションのお姉さんを記憶している。常に滞在は十日前後に及び途中パリやベルギーに行く時で有っても数泊のダブルブッキングは常で有った。沢山の買付けた品々を、ロッカーに入れたまま身軽に移動出来るメリットは大変大きかった。しかし時代は変わり始めていた。私がこの世界に入ってまだわずかな年月とはいえ、あちこちに起きている変化。昔からのアンティークモールの閉鎖や、ビル全体が異なったファッション業種に変わってしまっていることや、郊外の巨大フェアーに至っても出店ブースの半減など変化の兆しには気付いていた。どんな事柄も不変では有り得ないことを、学んでいた。変化を察知していくこと、それは、欠かせない条件であろう。

当然のこととはいえこのディーラーにも小手先ではなく時代を見据えた変化への順応が求められていた。流通している時代のものが減少していくことは当然の成り行きである。偏りがちなジャンルから少し角度を変えて勝れたものを探し続けていくその意欲を失わずに挑戦していくことが、私の使命なのかも知れない。華やかに見えて一夜にして消え失せてしまっているビルもある。変貌していく時代が私に又新たな知恵を与えてくれる。突然の覚醒でモール街を歩いていると再生の魂が手招きをしている。そこで目に飛び込んできたもの。全く学習をしたことの無い腕時計。心がふと動いた。この安直な選択にどんな未来が待っているのか。

私の最初の腕時計。それは二十才の御祝い品。当時流行の南京虫と呼ばれていたものでフレームはゴールド、文字盤が小さすぎて時間が読み取れないような、実用的とは言い難いものであった。この流行は、長くは続かなかった。其の後はほとんど、ありふれた大き目なこだわりの無いものを実用本位で選んでいた。

フェアーで見掛ける腕時計は、かつての懐中時計の進化系にも見えて、どこかあの素敵なニュアンスを漂わせているものが多かった。少し大き目で見かけの良さは有っても、実用に至るものは少ないのではないかという思い込みはあった。懐中時計ノスタルジー。私はあのポケットから何気なく取り出す所作に憬れていた。

その時一瞬引きつけられた腕時計。ディスプレイしていたのは馴染みのディーラーであった。静かに私の視線の先の腕時計をキャビネットからおもむろに出して、お姉さんは「貴女目が高いわね」と。全く無知なこのディーラーに裏蓋を開けて見せてくれた。この素人にしても、その美しいぜんまいの動き、色とりどりの宝石に見入り、百五十年もけなげに時を刻み続けている姿に脱帽していた。「ありがとう」と私はこの気品漂う腕時計を迷うことなく決断する。プライスは高額であった。この子は全く時計に対する知識の無い、無知なこの私に身を託すという数奇な運命を辿ることになった。ただ、顔で買付けてしまうこのディーラーの癖。しかしコレクターではない筈の私が、この腕時計に関しては異様な執着心で、時折プライベートで腕に付ける度に人々の目を引いていた。愛されて増す輝き。それはワンカラットのダイヤの指輪よりも誇り高かった。私に選ばれたこの腕時計は大きなゴールドのリューズに直径にして三センチメートルも有ろうかと思われる白いエナメルの文字板に白金のフレーム。活字にするとこの程度の表現で終わってしまう。それは極上のシンプル。

しかし、たまらなく大好きだった相棒は、アンティークウオッチコレクターの目に留まり、さすが収まるべきところに収まって安心な旅立ちをしてくれた。けれども、何故か残る無念な思い。愛するものが私の元を去っていった。それはいつも繰り返されている事柄である。私は、沢山の物達の橋渡しの役割であった筈。ディーラーである誇りはどこにいってしまったのか。後悔の念にさいなまれている腕時計ストーリー。其の後、幸運の女神には出会えていない。それは最初に出会ったあの貴婦人が災いしている。

又高原の倶楽部を飾る大時計も決定に至る迄には様々な困難があった。大きな丸型に強い憬れを抱いてはいたが決定には至らなかった。しかしオークションで出会った時計は二メートルにも及ぶ縦型の長身で見事な姿ではあったが機能はしていなかった。時を刻んでいない大時計は大変なメンテナンスを必要としていた。あの重い三本の振り子を下げた時計を見る度に落札してしまったことへの後悔が襲う。しかし、どんなことでも助けてくれていたアンティークミシンを取り扱っている名職人のおじいさんがなんと十三個にも及ぶパーツを手作りして四ヵ月にも及ぶ調整を重ねて堂々の復活を果たしてくれた。未だに時を刻み続けている。手入れの行き届いたキャビネットも美しく、扉には立派な鍵が付いている。そこに絹の大きなタッセルを下げて着飾っている。堂々たる倶楽部の顔である。

以前から、このディーラーは偏った好みであることは否めない。沢山いる他のディーラーとは好むアイテムが異なっていることが幸いしている。マニアックなジャンルをターゲットとしている訳でもなく、倶楽部のお客様の嗜好を探し続けている訳でもない。すべて自分の好むもの、この時代に至りもはや不要と思われているようなもので有っても心動かされたものは迷わずに買う。それは嗜好を共にする人がいるという確信を持って堂々と買付けているというお目出たいディーラーの典型でもある。

例えば地下鉄サウスケンジントン駅から歩いて今ではファッション関係の業種に変わってしまったビル。かつてそこにあったアンティーク専門で高級品の並ぶ「アンティクオリアス」には、足繁く通い続けていた。簡単に出会えない、状態の良い優れ物が何故か揃っていた。それ故にお客様に見抜かれてしまう原因にもなっていた。ロンドンアンティークに詳しいお客様が倶楽部に訪れてお気に入りを見付けると、「又あの『アンティクオリアス』で買ってきたな」とバレバレになってしまう程に高額になる。倶楽部では私よりロンドン事情に詳しいお客様がゾロゾロといるのである。思わず「ソーリー」とニヤリ。気に入れば値段は論外である。又今はブームのアイテムであると言われても御気に召さなければ決して買わない。そして私は思いもよらない意外なもの。何故か鍵付きのアイテムを好んで買付けていた。

イギリス貴族の香りが漂っていたお酒に関わるアイテム。タンタロススタンド（或いはキャビネット）といわれているデキャンターボトルを入れて持ち運べるアイテムが有る。これはハンドルの部分に付いている鍵で開けないとボトルが取り出せない意地悪な仕組み。貴族の館の洒落か？沢山の鍵が混乱を招き館主自ら飲めない光景も浮かんだりする。豊かな時代の置土産であろう。三本あるいは二本入りのデキャンターは10センチメートルくらいの角型でカットが施されており、ボトルキャップはピンポン玉よりも大きい。美しいキャビネットのハンドル部分にある開鍵する為の様々な仕掛けに心

タンチュラス・リキュールフラスコ

奪われていた。ロンドンのディーラーはタンチュラスと発音していた。元々タンタロスとはギリシャ神話に登場するゼウスの神の道楽息子の名前から来ていることを後で知る。無間地獄で池に首迄つかりながら飲もうとすると水は消え、大木につるされ永遠の飢えと渇きに苦しむという神話。このタンタロスも角度を少し変えたりしたら取り出せそうにも思えるボトル、しかし決して鍵無くして取り出すことは出来ない。私が取りつかれたこのアイテムは、高額にも拘らず人気商品に成長した。最初に出会った時の感動。これぞ倶楽部の顔になってくれることを確信していた。

鍵つながりとなるとステーショナリーキャビネットも欠かせない。普通であればデスクの引出しに収められる沢山の品々を、木目も見事な仕上りの美しいキャビネットに入れることを昔は好んだ。三十センチメートル位のものならいざ知らず五十センチメートル超えのもの迄好きとなったら止まることを知らない。このアイテムに嵌っているディーラーは稀である。余程デスクが大きかったのであろう。扉は観音開きから、よろい戸式等様々で必ず鍵を使って開けることが一般的であった。中は細かく仕切られていて秘密の小部屋、レター等の仕切りが沢山有り隠したい手紙等を入れておいたに違いない。ペンケースやインク瓶等それはさしずめ大人の精巧なおもちゃ箱である。仕様もない馬鹿馬鹿しいものに取りつかれている。機能重視の現代とは真逆。当時はおおかた特注品であったという。私はそのロンドンのブルジョアの無駄な遊びに惹かれていた。何が豊かであるかという点では現代とは異なる。大いなる無駄な美が潜んでいる。

更にステッキ（杖）というアイテムもこのディーラーにとっては外せない。不自由になった足の補助をするという意図の無い杖。シルクハットにステッキそして懐中時計と目を見張るばかりのムッシュの姿。見られることへの強い意識の時代なのであろうか？　現代に比べてモチベーションの上がるライフスタイルで有ったかも知れない。

ステッキの持ち手には過去の芸術家や政治家の顔をアイボリー等に彫り上げた重厚なステッキをフェアー等で時折見掛けていたが私は仕込みの杖に傾いていた。その多様さには脱帽していた。ファッショングッズあり、ルーペ系、計測器、武器、あるいはお酒に関わるもの等々あらゆるものを杖の中に仕込んでいた。持ち手のスクリューを回すと、それと一体化しているものから杖本体に仕込まれているものがあらわれる仕組みである。

お気に入りの仕込み杖は四十センチメートル以上もの長さにも及ぶリキュールフラスコの仕込まれたもの（P132の写真参照）。更に五センチメートル程のフット付きのグラスを収められる部屋迄作られている念の入りよう。アイボリーで作られたハンドルは時として、なま

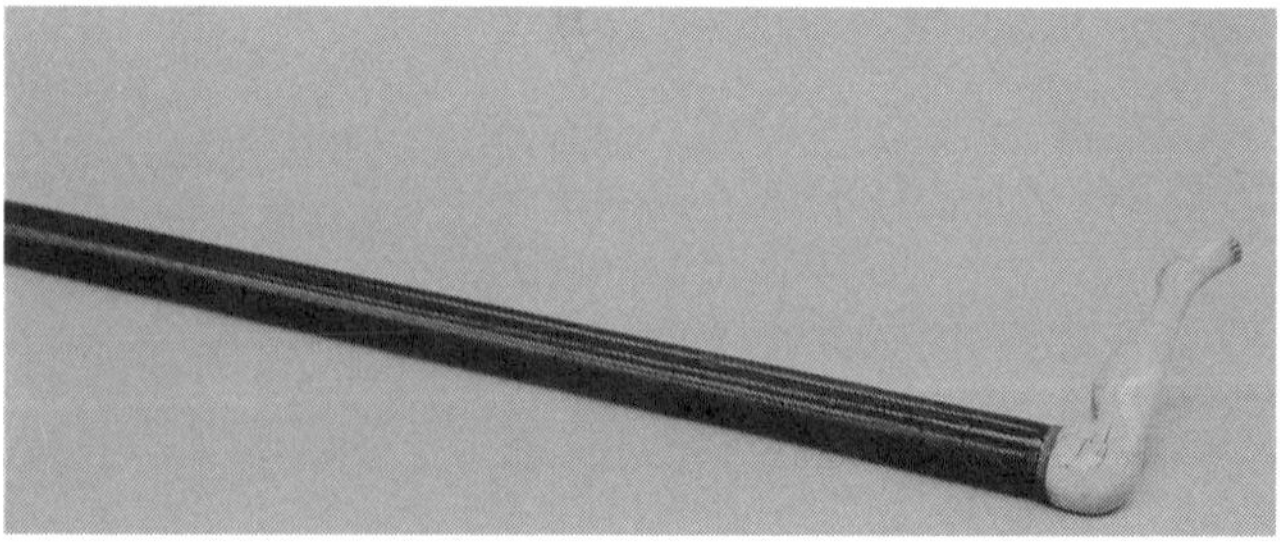

アイボリー足杖

めかしい女性のふくらはぎの足型である。これはもう特注品に他ならない。どこ迄も好みを主張し続ける紳士たち。考えるにパリシテ島あたりの男性専用倶楽部に通いつめたムッシュ御自慢の愛用品だったのであろうか。得意顔で杖を回しながら見られることへの快感に酔いしれて、意外にも破滅的な人生を送っていたのかも知れない。しかしそのどこか間の抜けたようなムッシュの肩を持ってしまう私がいた。

あるいは又マラッカのバンブーで出来ている三段に縮めることの出来る鞘に収められた雨傘も時には出会える。しぐれがちなロンドンにふさわしく晴れている時にはそのままステッキとして使え、それはシンプルで美しい姿で有った。しかし時代を経た傘の絹地はボロボロで有った。日本での絹の張り替えは不可能であり仕上りはぶ厚く鞘に収まりにくくなってしまった。一世紀も昔の職人の技には及ばない。

又狩りなどの折には専用のシュティングステッキを使う。持ち手を水平に開くことが出来て腰掛けになる。ステッキの先には、もぐり込まない為の円盤状のストッパーが取り付けられるようになっていた。それも様々なスタイルのものが有り、時には逆に杖が深く潜り込めるように、円盤の装着位置を変えられるフック迄取り付けられている気の配りよう。現代ではとても有り得ない。在りし日の職人の生きがい。優しさがにじみ出ている。皆一生懸命に生きた人々の置き土産。私はそれを追いかけている。

パリのホテル・レセプションの恋心

こんな一日も有った。パリは何故かふとした事柄が私の心の中に刺激的に映像のように深く残っていく。北駅から近い今は常宿のホテルAに私は急いでいた。レセプションでチェックインをしていた長身な男性はパスポートで日本の人であることは見てとれていた。ほとんど手荷物の無い身軽な格好で一人でのチェックイン。投宿する人々の御事情を詮索することは必要無い筈である。しかしどこか気掛り。親しみが漂うその男性に何故か私は心が捕われてしまっていた。

青年は私がチェックインを済ませる迄隣で待っていてくれた。笑顔であった。小さなレセプションで何故か二人は話がはずむ。医学系の留学生としてドイツに住んでいるという彼は十月第一日曜日に開催される凱旋門賞、パリ、ロンシャン競馬場で明日出走する日本からきているY・T騎手を見に行くのだという。何故か安心していく私。勝敗は当然のことながら、かつてマダムandムッシュの華麗なるファッションを競い合うステージとしても名を馳せていた、見たり見られたりという欲望渦巻くあの競馬場。競馬を全く知らない私は、ドイツからわざわざフランス迄観戦に来るという事柄に驚いた。世の中には本当に様々な人がいる。

不慣れな情報を不思議そうに聞いているこの私を見詰めている青年に、アンティークディーラーとしてパリに訪れていることを話す。ヨーロッパの移動の話に及ぶと、ドイツには来ないの。案内してあげますョ、とかけてくれた優しい言葉。更に突然の夕食の誘いに私は舞い上がる。ふとすれ違っただけの行きずりの間柄。

一見してこの全く不釣り合いな二人。しかしおかまいなく私はその道に一直線に傾いていく。本当に私はどうかしている。自分を見失ってしまったのか。明日ロンシャン競馬場に一緒に行きたい気持ち迄湧いてくる。私の早とちりかこれは誘惑なのか？　何でも受け止めてくれる優しい青年に、ひととき私は溺れていた。すべてを振り捨てて破滅的な道に進むことさえいとわないと迄も。どのような気持ちで青年はこの私を見続けていたのであろうか。合わせた視線から更なる青年の優しい振る舞いが、心を捉えていく。これは私の一人芝居か。まだ明るいパリの夕暮れに抱いた夢。更に惹かれていくその気遣いの深さ。そして何故だろうか淋しさが膨らむ。パリのホテルの小さなレセプション。ただ二人。私は青年しか見えていなかった。

しかしこの心のざわつきを、ガチガチな昭和の老女が導き出した答えは己に甦ったのか、とんでも無いことには至らなかった。二人は並んでエレベーターに向かう。先に乗るようにうながす青年は静かに二重扉を閉めた。「ありがとう」と小さな声で私は言いながら、このうらはらな決断の成り行きに自分を責めながら下を向いたままで……。不器用な女。未練の気持ちを隠すかのようにして別れ、各々の部屋に消えた。レセプションで交わしたあの笑顔、そして優しい言葉を思い浮べながら、行きずりに一瞬抱いた好きな人。帰りのチケットのことや、スケジュールがちらついたりする女の踏み込む道ではない。北駅前で買ったチャイニーズメニューを一人ぼんやりと食べながら夜を過ごした記憶。お正月でもないのに買付けの旅路では日本から必ず持ってくる田作りを食べる。ゴマとクルミの沢山入っているこの田作りは夫の大好物であった。

かつて買付けの後半にすでに田作りが無くなってしまったことを知りながら〝オーイ田作りは無いのか〟と催促していた夫に〝無いでーす〟と応答していた頃。御気楽で無神経だった伴侶を懐かしく突然思い出したりしたのは何故だろう。わずかな時間で夢は醒めたのか？　それは私を救済する為であったのかも知れない。七年の歳月は昨日の出来事のように甦ってくる。又パリのプラグをロンドンにおいてきてしまい満たされない夜に更なる拍車がかかり、淋しい夕食を一人ぼんやりととる。ダラダラと果てしなく永い夜。オーバーペースで飲むお酒。異なった男二人。

飲む程に酔う程に部屋の唐草柄の飾りのある鉄の窓を開けると冷たい夜の風。階下を見ると一世紀前の馬車に乗る二人。早足で北駅に向かう蹄の音が聞こえてくる妄想。私を追いこんでしまいそうなニュアンス漂うこのホテル。やはり一人での旅路は時として救いようの無い孤独感に襲われる。今日はもう寝よう。明朝は蚤の市で早い。ちらちらと目の前を浮遊して離れない二人の男。寝付けない夜に、君は善戦しているという声がどこかからきこえてきた。其の後凱旋門賞の前日に早足でホテルに向かう女がいた。未練なのか？　未だ再会には至っていない。この時齢七十五才を超えていた。

昨晩はエアメールを一枚も書くことが出来なかった。お客様はパリでの投函を好んでいる。消印と貼られたメモリアルスタンプの支持も大きかった。私はぼんやりとした朝を迎えていた。レセプションでの昨日の青年との出会いが消え去らないで居座っている。簡単に体調不良を招いてしまい、今日一日をコントロール不能にする程大きな悪影響を及ぼしてしまうのか。一体どうなって欲しいのか。あの青年はロンシャン競馬場での凱旋門賞には出掛けたであろうか。異なる各々の道。私はふらふらと蚤の市を歩いていた。かつては逞しい女だったではないか。しかし私は今襲ってくるこの気持ちに戸惑っている。あの青年の行動を考え続けている。全く付き合い切れないこの女。ふらふらしているかと思えば、ふとしたことで心が好転もする。

好みのコルクスクリューが目に飛び込んでくる。急変する心。素材はメタルとアイボリーが横縞柄になったハイソックスをはいたセクシャルなデザインのワインオープナーである。かつてお気に入りで手に入れたエドガー・ドガのエングレービング『パトロンへのお祝い』の下着も付けずに裸の娼婦たちが好んだ縞柄のハイソックス。一世紀前といえども着る物から工芸品に至るまでトレンドは一緒であった。あの鼻の下を伸ばしたパトロネージュの顔が又浮かぶ。一番大好きなことをやっている男の人生を、エドガー・ドガは捉えていた。

かつて目的の定まらなかった高原の倶楽部に苦しんでいた日々。今私の中に潜んでいたものが、表面に浮き出てワクワクする様々な興味深い日々を与えてくれている。私はこの世界に育てられているのである。きっと頑張っていける。でも一人でのモチベーション維持は何故か崩れがちである。

ぶらぶらと昼下がり、好転した心は長持ちするのか。夫を亡くした頃の淋しさとは又異質な風が吹く。クリニャンクールの長いヴィロン通りにジャパニーズアンティークのブースがある。店先

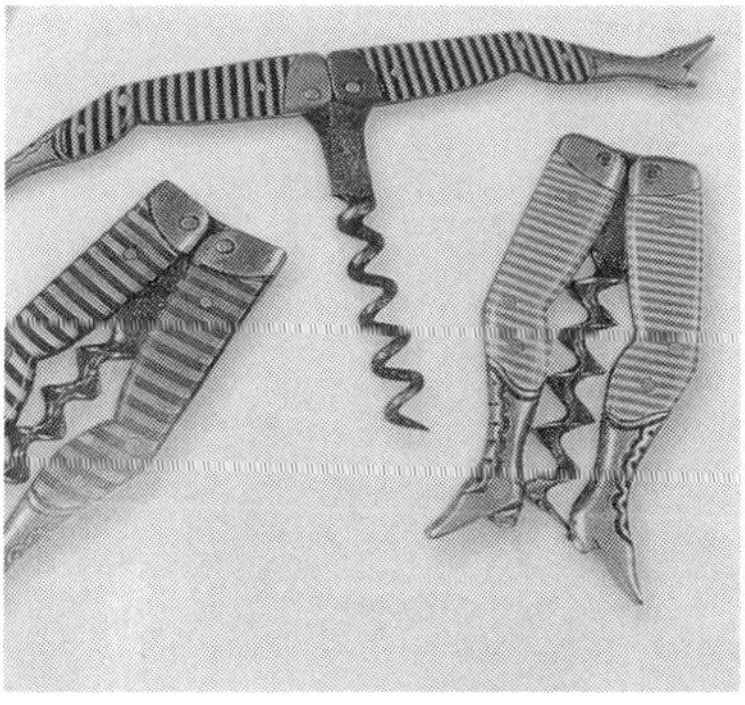

足スクリュー

で腰掛けて秋の日射しを浴びているムッシュMは私を見付けた。突然私の目には大粒の涙が。オーギュスト・ロダンによく似た彼の目にも涙が溢れていた。マダムは日本の人であった。時折日本のオークションで出会っている程度の間柄では有ったが、片言の日本語のムッシュと、私の夫とは何故か親しい間柄であった。落札の主導権は各々女性にあった。今こうして彼の店先で二人はただただ顔を見合わせてムッシュMはたどたどしい日本語で話しながら別れ際に「気を付けて」とねぎらいのハグをしてくれた。「ありがとうムッシュM」私は更に涙が溢れた。優しさに飢えている。この遠く離れたパリで夫を懐かしく思ってくれている人がいることに癒やされていく。こんなに懐かしい再会は私に更なる安定が訪れるかに見えて、しかし孤独という火種がくすぶっている。ごきげんだったり、ふさぎ込んだりと、異なった二人と付き合っている。

フランスアンティークの中にひときわ煌めくジャパニーズアンティークのブース。

ムッシュM。遠いオリエンタルへの郷愁が漂っていた。

往生際の悪い女。際限無く引きずっている。出掛けることはやはり不可欠な事柄。人々との出会いを期待してスケジュールを組んでいるのかも知れない。住みついているこの不揃いな気持ち。しかしこの辛い体験も私の将来にきっと大きく生かされる時が来るであろうという期待も芽生え始めている。この旅で欠かすことの出来ないユーロスターは一回の旅路で二回も往復することがある程の深い関わりである。ロンドン発着駅はかつてはウォータールーであった。しかし後年、歴史漂うレンガ造りのキングスクロス・セントパンクロス駅に変わりパリ北駅を目指す行程は数え切れない。ユーロスターのヘビーユーザーである。海底トンネルを走行している途中に二、三時間も動かないという体験は希なことではなかった。英語とフランス語での事情説明。しかし私は周りの乗客の様子を見逃さないでいた。無事到着すると乗車券の払い戻しに関わるソリーカードが配られた。私ははるか遠い口座への振り込みは好まなかった。

北駅到着はいつも夕方五時前後ＳＮＣＦフランス国有鉄道。構内に流れている漂うパリのアナウンスとメロディーに心奪われていた。紛れもなくここはパリ。急いで駅構内にあるカード屋のムッシュのところにかけ込む。一世紀も昔の写真を大判のポストカードに仕上げたもの。その白黒の写真は、未舗装の凱旋門通りを通る馬車の様子。あるいは冬に子供達がソリ遊びをしている様子と、現在では想像出来ない映像の記録のポストカードに無中になっていたパリのエスプリ。大人買いをする私に惜しみなくこっそりとおまけをしてくれる。「メルシームッシュ」北駅の下町人情に溢れていた。カードは人々から喝采を浴びた。

駅を出たところには立派な店構えのレストランが立ち並んでいる。大皿に荒削りの小高い氷の上に並べられた生がきは、フランスの人々の外せない好物である。かつて一度夫と食べた記憶。しかしそれは日本人好みではなかった。どうしてもあのパリ好みなしつらえを何故か嫌っていた。私はその並びのチャイニーズのお店で沢山のメニューの中から一寸ぜいたくに好みを選んで、夕食用に買いホテルに向かうのがルーティーンとなっていた。それにしても駅前の一等地で店を構えているチャイニーズのオーナーはどんな人なのであろうか？　パリス・ドリーム。店内はいつも賑やかに中国語が飛びかっていた。

更に私は北駅前の奇妙な集団を長期に亘ってウォッチ。話題に事欠かない北駅前の人間模様。それは、お店を出た通りの前の地下鉄吹出口の辺りの異様な軍団。以前から気付いていていた、路上生活者にしては不思議なコミュニティ。

私は視線を合わせないものの、いつ来てもその組合せの光景に興味を抱いていた。その生活の様子を、一世紀も遡るフランスの大衆小説風に、ストーリーを組み立てて、その集団を見るようになっていた。それはもう数年に及ぶ。五、六名もの仕様もなく見える男の中に一人の美しい女性。五十才前後にも思える。想像するに男達はこの一人の女性をリーダーとして行動しているように見える。いつ通っても変わらないこの取り合わせを、いつしか私は「姉やん軍団」と名付ける様になっていた。駅前でよく見掛ける光景とは異なる。多分その姉やんは時間になると華麗なフランスの高級車で、その吹出口に御出勤しているのでは等、飛躍した空想までしていた私。かいがいしく布団など散乱しているものを片付けている様子を私はチラ見していた。駅前に多国籍の人々で溢れている光景の中でも異様であった。軍団の光景に見入ってしまっている私の変質ぶりにも自身驚いてもいた。

しかしフランスともなれば駅前のこのような光景はありふれている事柄なのかも知れない。恐らく男達に姉やんから指令が出るのであろうと想像する。数秒歩いて彼等は渋々と北駅構内に足を踏み入れたその瞬間から、スリのプロフェッショナルに変貌するのであろう。彼等は失敗しない。一瞬大きな仕事を終えて吹出口に戻ると、姉やんの優しさは格別なものとなる。コミュニティは大変合理的であり一人飢えることは無いのであろうと想像する。あの雑踏の駅構内においてターゲットはウロウロしているのである。

この馬鹿馬鹿しいストーリーを考えていた私は完全に彼等にしてやられた苦い経験がある。当時カルネ券（メトロの十枚綴り）が窓口で買うことが出来なくなり、マシーン化された。その手順のスピードについていけず、モタモタしていた私は、はみ出していた財布の中からお札のみ七百ユーロもスラれてしまっていたことに暫くしてから気付くというお粗末ぶり。それは当時のフランスの一ヵ月分の生活にも余る程の金額であると教えられた。多分あの軍団の生活資金になったのであろう。あの組織だっている姉やん軍団。怪我をさせられた訳でもなく旅先においては上出来ではないかと思いあきらめる。上等の仕事が出来たその男は、姉やんに高く評価されて今宵は旨い酒が飲めている筈。フランスでの、ほろ苦い思い出も私の財産である。

転々としていたパリの宿もここに至って北駅から徒歩圏内であり常宿には不安はなかった。投宿の部屋の予約を東京からＦＡＸで送信していたことからチェックインの際のレセプションではＦＡＸの人と言われ優しい対応であった。しかしレセプションでは過去にほろ苦い記憶。きっと忘れない。あの青年のことは。

何故かフランスでの出来事は私の心の中に深く入り込んでいる。あのＳＮＣＦ（フランス国有鉄道）の誘いに負けてしまっている。携帯の着信音にも使い、四六時中私はパリに包まれている。北駅構内に流れているアナウンスと、そして捕えられてしまったメロディ。更にコンコースに群がる人々に会いたくてパリに訪れているのかも知れない。東京に帰っても流れる携帯の着信音。それは待ち続けているパリの音。

パリは人たらしである。

パリメトロでの出会い

倶楽部をスタートした頃は内容が安定せず納得するものを探し求めていた日々であった。しかしこのアンティークディーラーという仕事との出会いが私の着地点であったのかも知れない。其の後は様々な誘惑に傾くことは無かった。この道に根付いている。

想像もしていなかった日々。特に度重なるヨーロッパへの往復に適応も出来ていた。こんなにも注意深い女が、この出世に一番驚いている。

仕事上、欠かせないのは移動手段である地下鉄。不安に覆われていたのは初回だけであった。私が繁く利用していたロンドンやパリはホームの駅名表示等巨大で極めてシンプルでわかりやすく、初心者でも不安なく行動することが出来た。出口の「ウェイ・アウトとソーティエ」乗り換えの「コレスポンダンス」この程度のみで迷子にもならずホテルに戻ることが出来る。

タクシーを利用することも好まず、更に車の国際免許を取得していないことは不便で辛い場面にもひたすら耐え忍ぶ。大きな荷物を手に振り落とされそうな地下鉄の長いエスカレーターを上・下することは数え切れない。めまいも起きそうな深い下りのエスカレーターに買付けた品々をかばいながらしがみついていた。地下鉄の表示もお国柄が出る。東京に住みながら日本の地下鉄の表示で迷い子になったりもしているが、ロンドンやパリの地下鉄に関しては、どんな複雑な乗り換えも単純な表示故か間違えることは無かった。

国鉄の駅ではロンドンのキングスクロス駅。パリでは北駅である。最初の買付けから洗礼を受けてきたこの駅は、日本で馴染みな東京駅や渋谷駅等比較的利用している駅にしても、到底及ばない頻度で利用していた。レールのシステムが日本とは異なっていることに気付いていた。ロンドンのキングスクロス駅。この広大な駅のコンコースは早朝であっても人の波。十五本以上ものホームを抱えるこの駅は、仕事での利用客をはじめ、多くの旅人の出発駅でもある。コンコースの中二階のフードコーナーで溢れる人々の中に混ざり、このエトランゼも群集に埋まりながら発車前の2分の間にゲットしてホームにかけ込むという荒業を続けてきた。一・九九ポンドのチーズをはさんだバゲットはお気に入りで旅路の欠かせない友であった。コンコースに掲げられた巨大な時刻表が発車五分前程に番線を表示するや、待っていた人々はホームに急ぐ。列車が出発した後のカシャ・カシャと表示マシーンが順送りされていく音が耳に付いて懐かしい。それはロンドンの音。

今日は或る日のフランスメトロでの出来事。空席が目立つ車輌に乗った私に笑顔を送る御夫妻が座っていた。私の知らない人。近づくと日本の文庫本を手にしていた。安堵感で隣に座った。そして私に「日本の方ね」と、更に「すぐにわかるのよ」とマダムが言う。初めて出会うお二人。夫はパリ在住の著名な画家であった。突然目の前に現れた日本の女性に、半世紀も国を離れていた日々に望郷の思いを抱いたのかも知れない。マダムはずっと笑顔で私を見ていた。わずか三駅で御夫妻はメトロを降りた。別れ際にH氏から頂いたカードはパリ印象派の空気が漂っていた。来年日本のギャラリーで個展開催の折の約束を交わしながら、私がアンティークディーラーとしてパリを訪れているということに、何故か驚きの様子を見せながら気ぜわしく別れた。メトロでの行きずりの出会いと約束。パリのメトロで日本語で話せた幸せ。車内の遠くからバンドネオンの音色が近づく。(ラ・クンパルシータ)エトランゼの周りに人々が集まり拍手を送られて東洋からの遠来の客は上気していた。周りの人々が思わず励ましたくなる淋しさをいまだにたたえているのかも知れない。私は感謝を込めて「メルシー」と小さく折りたたんで十ユーロを渡した。よくある光景とはいえ寄り添う人々に私は深く癒やされていた。

パリメトロでわずか数分出会っただけの人。どんなお顔だったのだろうか全く思い出せない。しかし何故か私をほめてくれたマダムの顔は記憶に残っている。今回の展覧会は二人揃っての来日なのか伺っていなかった。

案じていた一年後のH画伯との日本での再会は二人連れだって三人で会えた悦び。エキジビション会場ではもう旧知の間柄。パリでの行きずりの関係ではなくなっていた。会えた悦びと懐かしさが溢れ、かつてのパリの職人街のにぎわいを描いた小作品を想い出に買った。とりとめもなく話は続く。しかしお二人からはいつか生まれた国に戻りたいなどと考えてはいない様子が伝わる。もう心身のすべてがパリそのものになっているように私には見えた。パリがたまらなく大好きだと思っているこの程度の私には到底及ばない。お二人からは深く、見据えて生きていく姿を見た。

人はどこでも故郷になり得ることを学習した。ファンが多いのであろう。会場は華やかだった。この時も一年前メトロで会った時と私の姿は一緒であった。ユーズドの紺のブレザー姿はヨーロッパ買付けあたりからその傾向が見え始めている。

いつも出会う人々が私の仕事を聞いて不思議そうにしているのは、私が常に着用している姿から来ているのではないかと気付いている。それは最初のヨーロッパ買付けで出会ったユーズドでメンズの紺色のブレザーである。打合せはダブルにこだわっている。それをフランス等でよく見掛けるアイボリー色のシルクの大判のスカーフを首に巻いて、何故か短いパンツという組合せ。この姿が大衆の風景に馴染んでいないのか？　私は飽きもせずに何十年も、日本は元より、どこへ行く時にでも、このトレンドは変えない。とても着やすくて私にとって安心出来る姿。洋服選びに苦労することの無い相性。

買ったブレザーの裄丈だけは詰めないと着用不可な上着で終わってしまう。フェア一等で見掛けると細身なブレザーは必ず買ってしまう習性で家のクローゼットはまるでメンズそのものである。最もディーラーにふさわしい姿ではないかと、それはもう熱愛。大好きであったことが何十年もの着用に及んでいるのであろう。

沢山のブレザーの中でも忘れられない一枚がある。フランスのホールで開催されていたビンテージファッションフェアで出会ったもの。素材の上質さもさることながら、仕立ての丁寧さに加えて細身であったことが心を拘えた。袖の長さは尋常ではなかった。ディーラーは沢山付いているポケットの中、更には衿裏迄念入りにチェック済みの筈。普通とは明らかに異なっていたこの上着、打合せは逆であり通常あるべきところにポケットが無く、明らかに特注品であることは見てとれた。更に衿裏にはゴールドのメダイを、ディーラーは外し忘れていた。私は丈が余りにも長過ぎるズボンとセットで有ることに迷っていたが貴重なこのメダイを「アラッ」と気付き、間髪を入れずに買う。素早さは私の勝利。メダイはフェアー等でよく見掛けるアイテムで、ほとんどがシルバーで希にコッパー製のものもあり、沢山下げたブレスレット等は人気アイテムである。ゴールドは余り見掛けない。気掛かりなゴールドのメダイ。何故かただ、良かったでは済まされない気持ち。メダイと共に気がかりな一枚となっていた。

どんな物語を秘めたブレザーで有ったのか。私はこのまま見過ごしてしまうことが出来なくなっていた。後年星の数程あるメダイの刻印を頼りに「奇跡のメダイ教会」のものではないかというひらめきで訪れてみることにした。

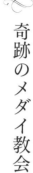

奇跡のメダイ教会

導かれるようにしてメトロ、セーブル・バビロヌ駅サンジェルマン地区の西のはずれ地上に出ると老舗デパートのボン・マルシェを通り、見過ごしてしまいそうな小路を入ったところにあった。その路地裏の教会の礼拝堂。カトリックの信者の人々で溢れていた。今迄訪れていた教会とは異なっていた。沢山のメダイの周りに日本の老シスターもいて、様々な種類のメダイの由来を聞くことが出来た。

マリアを慕い続けていた少女カタリナ・ラブレが亡くなって数百年にも亘り、そのまま可愛い姿であり続けたこの不思議な出来事が礼拝につながっていったようである。小さな硝子の棺の中に横たわっている姿。それは幼い少女のままで園児服のようなものに包まれていた。一途な少女を見て祈りの気持ちが湧き上がる。その幼い可愛さに引き込まれていった。教会に溢れている人々は女性で埋めつくされていた。男性の礼拝者に出会うことは稀であった。

かつて衿裏にこの教会のゴールドのメダイをひっそりとつけて訪れていた無口で孤独とも思われるムッシュは、気遣いが深過ぎて疲れ果てていたのかも知れない。そのブレザーを着て教会に訪れていた私はこの上着の異質な特注の仕方や、メダイにゆだねていた男の日々を思い、心の中に映像が浮かんでいるムッシュの姿。私の推測に狂いが無いことを何故か確信している。二人は不思議なつながりで結ばれていた。ユーズドのブレザーには各々の物語が潜んでいるのであろう。

このユーズドのダブルのブレザー姿は高原の倶楽部の象徴である。このスタイルで戦い続けてきた。最初は怯え気味だった兵士も、様々な場面での得難い体験は押しも押されもせぬ一級の戦士となっていく。この旅路に出会い戦えた人生に私は感謝している。

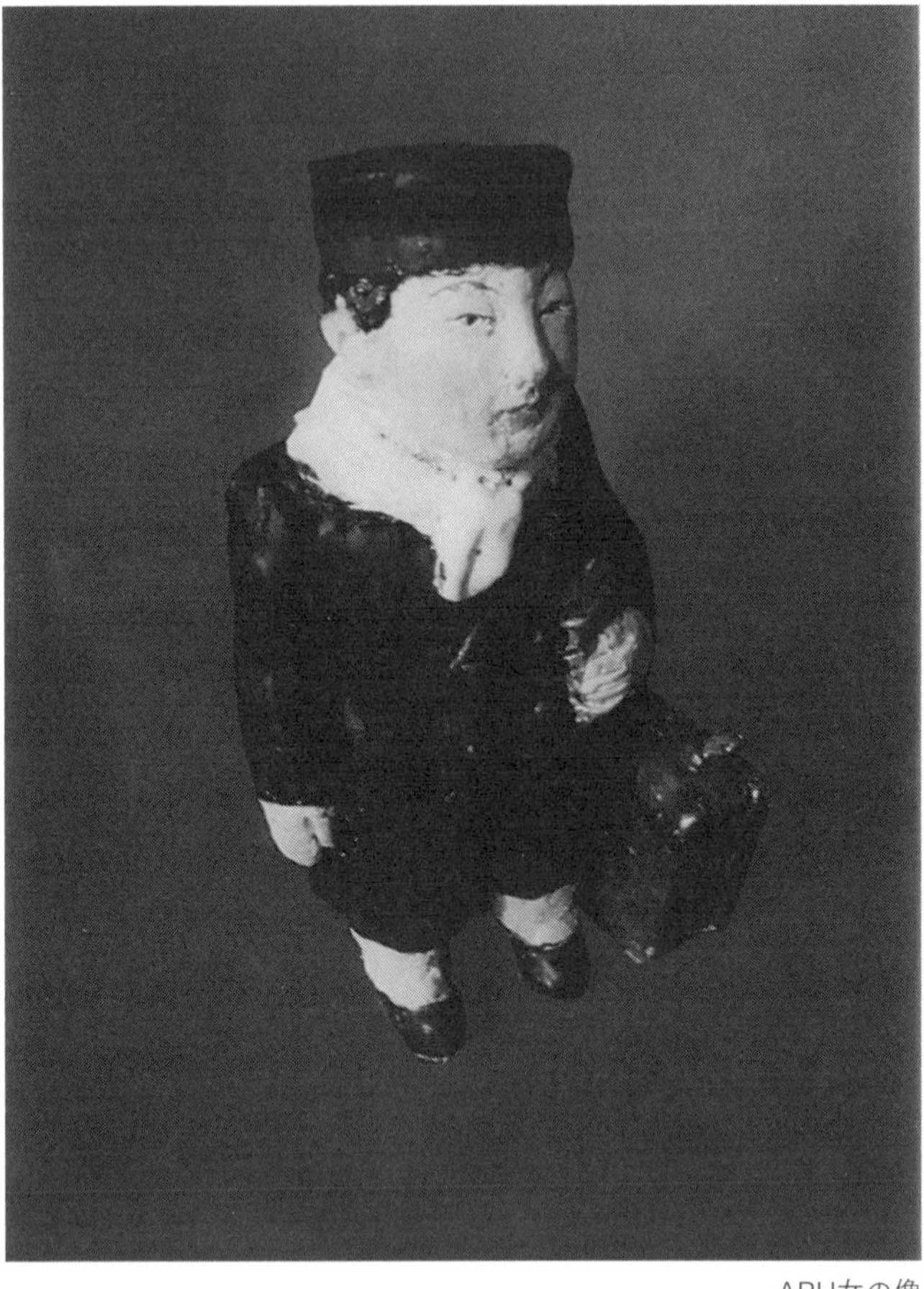

ARU女の像

おわりに

駆け抜けてきた日々。人生も後半に差しかかった頃のある男と女の紡いだ物語。歩み寄らない、余りにも違い過ぎていた男と女。

事の始まりは目の前に広がる使い道を知らない別荘のステージであった。白紙の状態で道しるべも無いこの難題に右往左往しながら挑んだ道。それは強いられたものではなかった。自分で選んで創った道を歩み、一人の女は今こうしてこのような人生に辿りついた。再起に苦しんだ夫との別れ、無謀にも見える危うい日々を送りながら、しかしそれ以上の不運は近寄ってこなかった。軌道から外れたような生き方もすべて幸運に支えられてきた。衰えを見せないこの別荘の三十年目の御祝いに、美しい白い縮緬の着物をまとうかのようにお色直しをしてあげる。それは精一杯の恩返し。

二〇二三年四月暖かい春。ハナカエデという名前にふさわしく花の木は地面一杯を真っ赤な小さな花で染めた。去年の秋の落葉が土にかえる途中の上に。この不思議な光景を木の前に立って見上げている女性がいた。私が気付かないところで木に会っている人もいる。「余りにも美しいので」と賛えてくれた。その人は四季折々に見上げていると言い、更に去年の秋の美しい紅葉を友人への小包便の中に入れて送ったという。本当にありがとう。花の木は私にとって夫そのものである。

東濃の営林署から望まれて長旅をして八ヶ岳南麓のこの高原の倶楽部に来た時は弱々しい姿であった。貴方に惜しみない愛を注いでいた夫との別離からもう二十年にも及ぶ歳月。しかしいまだその宿命にあらがっている女を貴方は変わりなくかばい続けてくれている。長命な花の木。

完